ボリュームアップ版

おり紙ヒコーキ大集合BOOK

超飛び26機 + うちゅう扇

折り紙ヒコーキ協会会長
滞空飛行時間・世界記録保持者
戸田拓夫

うちゅう扇
宇宙ロケットから飛ばす
新作の扇子型ヒコーキ！

ゼロファイター
これが滞空時間世界一（29秒2）
のヒコーキだ！

チャレンジヒコーキ3機！

ジュピター
コックピットが付いた
スペースシャトル型の立体機！

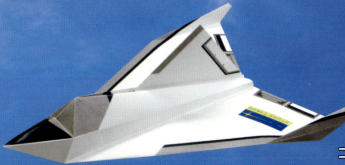

いかだ社

巻頭付録

Make your dream come true

ホリエモンロケット〈インターステラテクノロジズのロケット〉「MOMO」にのせて
宇宙から飛ばす新作紙ヒコーキ「うちゅう扇」をつくろう!

夢のプロジェクトはじまる!

2019年5月4日、ロケット開発を手がける「インターステラテクノロジズ(IST)」が打ち上げた小型観測ロケット「MOMO3号機」が、高度113.4kmの宇宙空間に到達した。日本初の民間宇宙ロケットの誕生だ。そして、続いて打ち上げる「MOMO」に紙ヒコーキを搭載して、地上100kmの宇宙から地球に向けて放出する、世界初の実験をすることが決まった。

きっかけは同じ年の2月、ホリエモンこと堀江貴文さん(IST創業者)にお会いする機会があり、そこで紙ヒコーキを宇宙から帰還させる夢を語ったことだった。内心バカにされるかなと思いつつ話したのだが、返ってきた言葉は思いがけず「おもしろい!それ、やりましょう!」だった。

紙ヒコーキの原形は以前私の教え子が考案したもので、それをより進化させた形にデザインし直した。教え子との共作と言える。宇宙を飛ぶ扇子ということで「うちゅう扇」と名付けた。

▲IST社長の稲川貴大さん(右)とがっちり握手する著者:戸田拓夫

▲堀江貴文さん

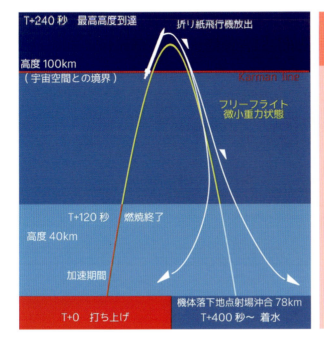

これが紙ヒコーキ放出プロジェクトだ

ロケットが高度100kmを越えた時点で、地上指令所からスイッチを押して放出する。宇宙空間に放たれたヒコーキは、空気の薄い層から大気圏を通過し、地球に降りてくる。地球面積の3分の1は陸地だから、3機のうち1機は地上に帰ってくるのではないか。拾った人はぜひ連絡してほしい。地上にもどってくるのは1日～1週間くらいを予想している（発射角度や、風の影響など天候にも左右されるため。ジェット気流に乗ればアメリカまで飛んでいくことも）。

実際に使う紙ヒコーキは扇子形

長さ約10cm、開いた状態で幅約5cmの扇子形の機体3機。紙の両面にはメッセージと支援者全員の名前が入る。用紙にはバガス紙を使い、耐熱・耐水のための超越加工をほどこす。

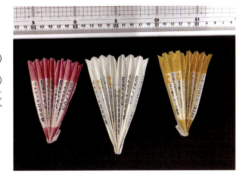

ISTが開発した紙ヒコーキ放出のしくみ

直径2cmの放出口、奥行き12cmの筒状の空間に、扇をたたんだ状態で3機をセット。装置のふたが開くと同時に紙ヒコーキはシリンダで押し出されて宇宙空間に放出。その瞬間の映像を前方のカメラがとらえ地上に送信する。

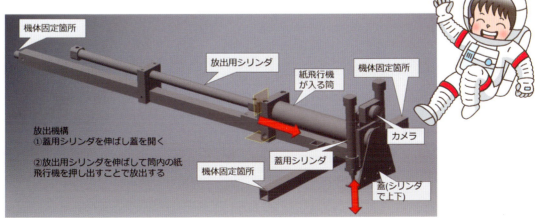

資料図版提供：インターステラテクノロジズ　記者会見撮影：佐々木智雅

うちゅう扇

チャレンジヒコーキ

◎特許・意匠登録出願済

格納する空間がせまいため、紙ヒコーキを折りたたんで搭載し、放出と同時に機体が開くようにしています。名前のとおり、宇宙から閉じた扇子を開いて飛ばします。機首部は紙が何重にも重なって厚いため、固くしっかりと折り曲げましょう。

紙のサイズ…長方形
飛ばし方……機体の中央よりやや前側をつまんで閉じた状態で持ち、まっすぐ押し出すように投げると、きれいに滑空します
難易度………★★★

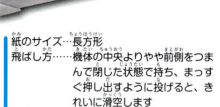

① 裏面を半分に折ってもどす。

② 中央線に合わせて折る。

③ 中央線に合わせて折る。

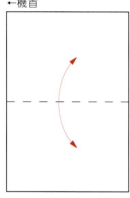

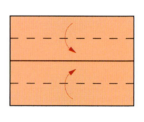

④ 中央線に合わせて折り、ぜんぶ開いて縦にうら返す。

⑤ 1 半分に折り、中央線の付近に折り目をつけてもどす。
2 その折り目に合わせてaの間のみ折ってもどす。

⑥ ○印の位置を ○ 印の折り線に合わせて、bの間のみ折る。

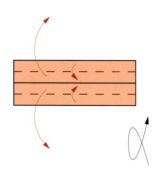
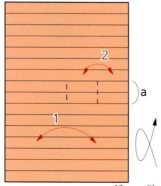
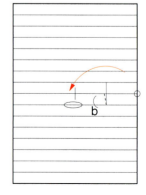

⑦ もどす。

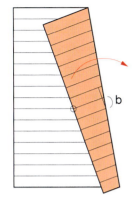

⑧ 1 ○印の位置を◯印の折り線に合わせて、bの間のみ折ってもどす。
2 表側に半分に折る。

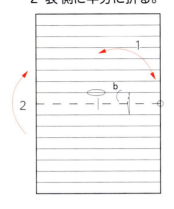

⑨ 下から1つ目の折り線で折る。

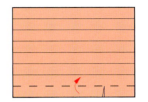

⑩ ○印の角をつまんで左上に回転させながら、⑥⑧の折り目を谷折り、⑤の折り目を山折りにしてc部を折る。（⑪の形になるように）

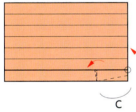

※垂直尾翼（⑫のEの折り線）のつくり方

⑪ ぜんぶ開いて縦にうら返す。

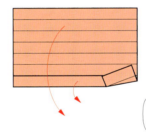

⑫ Aを山折り、Bを谷折りしながら、Cの下にDを入れ込み、Eを谷折りする。

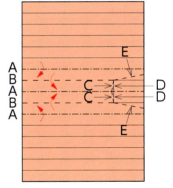

⑬ 角を◯印の線に合わせて三角に折ってもどし、中割り折りする（P20参照）。

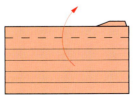

⑭ 上から1つ目の折り線で折る。反対側も同じように折る。

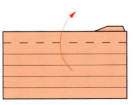

⑫⑬の参考

巻頭付録　うちゅう扇

⑮ 角を⬭印の線に合わせて三角に折ってもどし、中割り折りする（反対側も）。

⑯ 下から1つ目の折り線で折る（反対側も）。

⑰ 上から1つ目の折り線で折る（反対側も）。

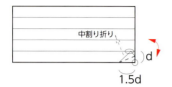
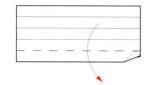
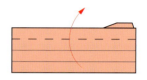

⑱ 角を⬭印の線に合わせて三角に折ってもどし、中割り折りする（反対側も）。

⑲ 下から1つ目の折り線で折る（反対側も）。

⑳ 真ん中の折り線で折る（反対側も）。

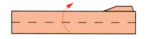

㉑ 角を⬭印の線に合わせて三角に折ってもどし、中割り折りする（反対側も）。

㉒ 図の位置で折ってもどす。反対側にも折ってもどし、上下をひっくり返す。

㉓ 内側を開くように折る。

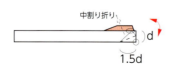
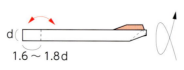
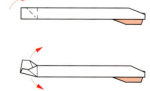

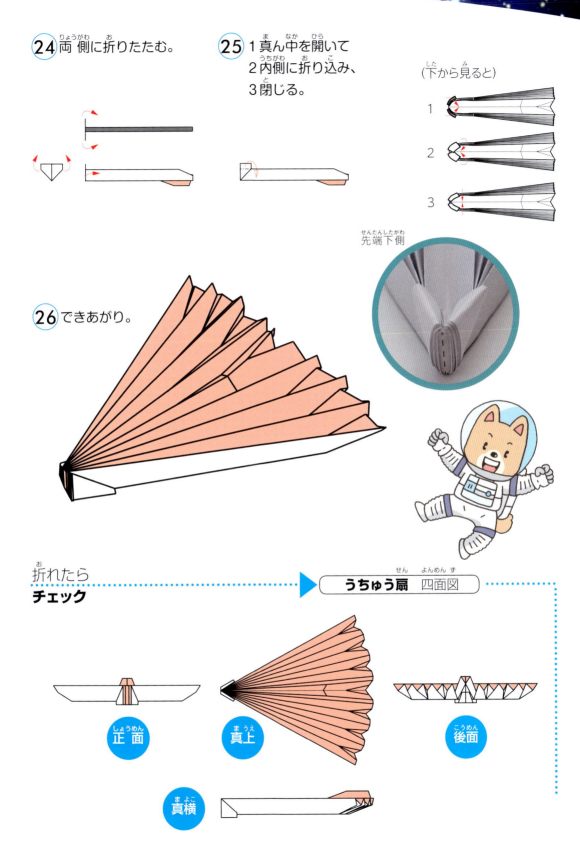

MOMOに搭載される『うちゅう扇』用紙の裏面

	e-mail:info@istellartech.com tel:+81-1558-7-7330 fax:+81-1558-7-7331	
戦争の無い世界が実現しますように。 We hope that a world without war will be realized.	この紙飛行機は宇宙から帰還しました。拾われた方は Interstellar Technologies Inc. までお知らせください。	
子供や弱い立場の人々も夢を描ける世界が実現しますように。	Ndege hii ya karatasi imekuja kutoka anga za juu, Ukiokota ndege hii, tafadhali toa taarifa Interstellar Technologies Inc.	
We hope that a world where children and vulnerable people can draw their dreams will come true.	Cet avion en papier a été lancé de l'espace. La personne qui le trouve est priée de contacter Interstellar Technologies Inc.	
	Dieses Papierflugzeug ist aus dem Weltraum zur Erde zurückgekehrt. Bitte melden Sie sich bei der Interstellar Technologies Inc, wenn Sie es gefunden haben.	
	e-mail:info@istellartech.com tel:+81-1558-7-7330 fax:+81-1558-7-7331	
	Este avión de papel ha vuelto del espacio. El que lo recoja, por favor, póngase en contacto con la Interstellar Technologies Inc.	
戦争の無い世界が実現しますように。 We hope that a world without war will be realized.	This paper plane has made its way back to Earth from outer space. Its finder is requested to notify Interstellar Technologies Inc.	
子供や弱い立場の人々も夢を描ける世界が実現しますように。	Этот бумажный самолет вернулся на Землю из космоса. Своего искателя просят уведомить Interstellar Technologies Inc.	
We hope that a world where children and vulnerable people can draw their dreams will come true.	这架纸飞机是从太空返回的。拾到此飞机的人士请通知 Interstellar Technologies Inc.	
	e-mail:info@istellartech.com tel:+81-1558-7-7330 fax:+81-1558-7-7331	

紙の裏面：「この紙飛行機は宇宙から帰還しました。拾われた方は IST までお知らせください」とのメッセージが8か国語で書かれている。また、平和への願いを日本語と英語であらわした。

表　　面：支援してくれた方々全員の名前が印刷される。

うちゅう扇　型紙

一度カラーコピーをとり、わく線にそって切ってから拡大カラーコピーしよう

● B5に拡大……171％
● A4に拡大……198％

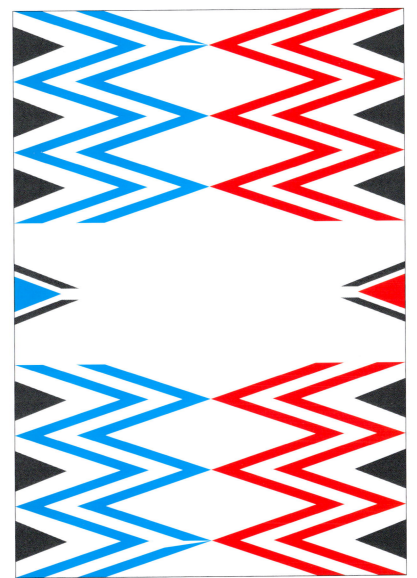

巻頭付録　うちゅう扇

紙の向きを変えると色ちがいの2種類が折れます。

青を機首側にして折ると
→翼は赤のデザインに

←機首

赤を機首側にして折ると
→翼は青のデザインに

←機首

滞空型　長い時間飛ぶタイプ。真上に高く投げ上げよう

チャレンジヒコーキ
ゼロファイター
 折り方 p14

2010年、室内滞空時間29秒2の世界記録を打ち立てたのがこのヒコーキ。上昇力と航続性能で世界標準を上回っていたゼロ戦から命名しました。

へそヒコーキ
折り方 p34

紙ヒコーキといえばこの機。折りやすくて飛ばしやすい、もっともよく知られた伝承作品です。

ファルコン
 折り方 p36

1分で折れるほど超かんたんなのによく飛んでくれます。小さくて速いハヤブサのように飛ばしてみよう。

コンセプトSR
折り方 p40

四角い形がめずらしいヒコーキ。折りもとてもシンプルです。別名スーパーフィン。

ウイングスター
折り方 p38

幼児でもつくれるほどのやさしさで、安定した飛行が楽しめます。両翼にある垂直尾翼もかっこいい！

ソラス
折り方 p42

「光の剣」をイメージして名づけました。これも折りがやさしいヒコーキです。

シュワイザー
折り方 p44

思いきり投げてもふんわり飛ばしてもよしの万能機です。シュワイザーはアメリカのグライダーメーカー。

もくじ

はじめに………17
折りの約束と基本………19
しっかりと折り目をつけよう………21
定規を使って折る／紙ヒコーキに適した紙………22
調整と飛ばし方………23
高記録を生む10のポイント………28
折り紙ヒコーキ協会・競技会規約（2017年）………33
型紙………98
折り紙ヒコーキ協会／紙ヒコーキ博物館／とよまつ紙ヒコーキ・タワー………102

距離型 遠くまで飛ぶタイプ。棒をまっすぐ投げるイメージで飛ばそう

折り方 p47

流星号
スラリと細身で名前のとおり流星のように飛びます。まっすぐきれいに折れるよう注意して。

折り方 p50

やり型機1号
やり型のもっとも基本的な形のヒコーキです。遠くまでスーッと飛ぶ楽しさを味わおう。

折り方 p52

コスモファイター
伝承作品やり型ヒコーキの改良型です。重心が前に寄り飛行性能がアップ。イメージは室内空間戦闘機。

折り方 p54

キャリバー
伝承作品イカヒコーキの改良型に「四角い剣先」の雰囲気を重ねました。折りがシンプルでよく飛びます。

折り方 p56

ライナー
低い弾道で進む野球のライナーのように飛ばしてみよう。やり型機1号やコスモファイターとくらべるのも楽しいよ。

安定型　滞空型・距離型どちらでも

スカイドラゴン　折り方 p58
へそヒコーキの変形型です。西洋の龍をイメージしたこのヒコーキを空に泳がせてみよう。

オニオン　折り方 p60
丸っこい形がかわいらしく、バランスよくできています。オニオンは玉ねぎのこと。

マーキュリー　折り方 p62
折りがやさしく形もよいので人気があるヒコーキです。マーキュリーは水星のこと。

デザイン型　飛行性能よりも形や飛び方を楽しんでほしい、

立体カメ虫　折り方 p74
大きく口をあけたような顔が特徴のユニークな機。あのくさいカメ虫を連想して命名しました。

スカイマンタ　折り方 p79
空飛ぶマンタ（エイ）、というテーマでつくりました。2つある垂直尾翼がかっこいいでしょう？

スワロー　折り方 p76
ツバメが翼をもっとも横に広げた時の形をしたヒコーキです。ヒョイヒョイと飛びます。

折り鶴号　折り方 p82
中村榮志さんの「飛行鶴」を私流に改造しました。親しみのある鶴のヒコーキとしては折りやすく飛ばしやすいものです。

飛ばせる万能タイプ

アラジン
丸い翼が特徴のヒコーキ。空を飛ぶ姿はまるで魔法のじゅうたんのようです。

折り方 p64

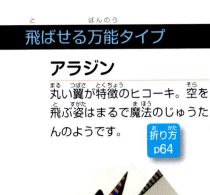

ホーネット
ふんわり長〜く飛ばせる機です。名前の由来はアメリカ海軍の艦上戦闘攻撃機から。

折り方 p67

ジェットアロー
垂直尾翼がスラリと立ち、安定した飛行が楽しめます。矢のような形をしたジェット機をイメージ。

折り方 p70

夢のあるヒコーキたち

おけら号
私の過去の作品「かみきり虫号」をいじっていたら、おけらに似てきたので名づけました。

折り方 p85

怪獣ギャラス
むかし怪獣映画に登場したギャオスの記憶を形にしてみました。好きな人はきっとすぐにわかるでしょう。

折り方 p91

かものはし
ユニークな動物かものはしを紙ヒコーキにしてみました。水中ではなく空中を泳ぐかものはしです。

折り方 p88

チャレンジヒコーキ
ジュピター
スペースシャトル型を改良した立体機。きちんと折れれば無調整でもなめらかに飛んでくれます。ジュピターは木星のこと。

折り方 p94

滞空型

ゼロファイター

チャレンジヒコーキ

滞空時間29秒2の世界記録機

翼の面積が大きく、持つところと垂直尾翼を少なくして、滞空性能を追求した究極のヒコーキ。調整がむずかしく、飛ばすテクニックも必要です。ほかの機でじゅうぶんウデをみがいてから挑戦しよう！

紙のサイズ…長方形
飛ばし方……Bタイプ（p26参照）
難易度………★★★

① 縦横ともに半分に折って開き、中央の折り目に合わせて2mmすき間をあけて折る。

② aのはばが同じになるように折ってもどす。

③ bのはばが同じになるように折る（aのはばの半分）。

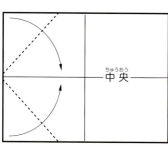
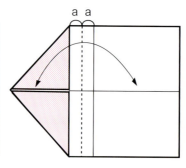
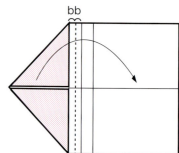

④ 中央を目安に2mmすき間をあけて折ってもどす。これが⑤の目標の線になる。

⑤ 目標の線に合わせて折ってもどす。

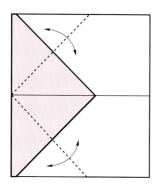
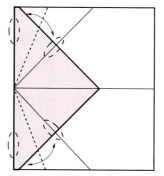

⑥ 角を印に合わせるように折り、④の線で折りたたむ。

⑦ 真ん中の三角を折る。

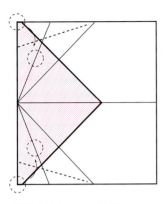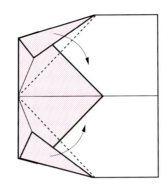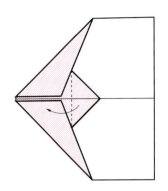

⑧ 先端をaの半分のはばで折ってもどし、半分に折る。

⑨ ⑧の線で⑩のように機首をつくる。

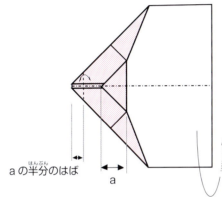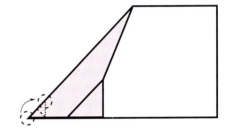

⑩ 図にしたがって機首をつくる。

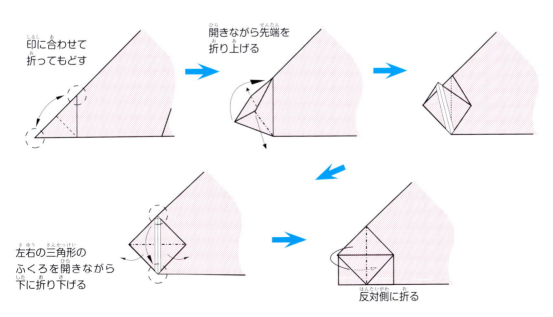

印に合わせて折ってもどす

開きながら先端を折り上げる

左右の三角形のふくろを開きながら下に折り下げる

反対側に折る

滞空型　ゼロファイター

⑪図の位置で底辺と平行に翼を折ってもどす。

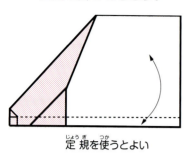

定規を使うとよい

⑫cと2c（cの2倍）のはばで折ってもどす。

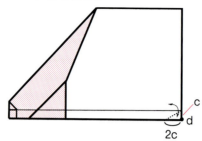

⑬⑫で折った折り目で点dを中へ折りこんで、垂直尾翼をつくる。

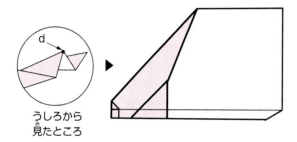

うしろから見たところ

⑭⑪と同様にもう一度翼を折り、その後eのはばで翼を折る。

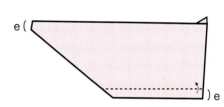

⑮三面図のように開く。

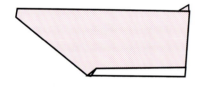

⑯できあがり。

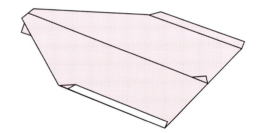

滞空型　ゼロファイター

折れたら
チェック

昇降舵部分
少し上にひねる

真上

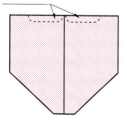

▶ **ゼロファイター三面図**

真横

正面

はじめに

使うのは1枚の紙だけ
おり紙ヒコーキにたくす私の夢

　この本は、2014年に出版した『おり紙ヒコーキ大集合BOOK』（いかだ社刊）を増補・改題したものです。同書に収めた26機に、今回、宇宙ロケット（MOMO）から飛ばす予定の「うちゅう扇」を新たに加えました。

　その結果、初めてでもつくりやすいやさしいものから、折り方にも飛ばし方にもテクニックが必要なものまで、さらにバラエティ豊かな27機が集合しました。ヒコーキの形も飛び方も魅力ある個性派ぞろい。きっとみなさんに、おり紙ヒコーキのおもしろさを発見してもらえると思います。

　さて、世界記録（滞空時間29秒2）を達成した私には、今いくつかの大きな夢があります。

　ひとつは立体型紙ヒコーキ、通称「スペースシャトル」を本物の宇宙船から地球に向けて飛ばすこと。東京大学と共同で行った成層圏突破の実験も成功しました。とはいえ実現までにはまだまだハードルがありますが、その方がやりがいがあります。

　もうひとつの大きな夢、それは「私の次の世代を育てること」。

　子どものころ、私は勉強も運動もとくに目立つ存在ではありませんでした。しかし、紙ヒコーキをつくらせたらだれにも負けない自信がありました。現在その特技とはちがう分野の仕事についていますが、子ども時代の遊びの中でつちかった自信は、私の心の支えになっています。

今は夢を描きづらい時代なのかもしれません。それでも、自分が一生懸命になれるものを見つけ、とにかく続けることが大事だと伝えたい。子どもたちが将来に希望を持って暮らしていける助けになれば、と願っているのです。

ゲームに没頭する子どもを見るにつけ、せめて子どものうちは液晶画面の中ではなく、現実の世界で遊びを楽しんでほしいと思います。そうでないと、学ぶ上でとても大切な「なぜ？」という気持ちが育たないからです。私が各地で開いている紙ヒコーキ教室で、まったく飛ばない紙ヒコーキを私が調整してぐーんと飛ぶようになると、子どもたちは「なぜ？」と目を輝かせて聞いてきます。その「なぜ？」という体験を与えてあげたい。世界にはまだまだいろんなおもしろいものがあるということを伝えたい。

バカげていると思われても、夢を語り続けることが大事だと思っています。子どもに「希望を持て」なんて偉そうなことを言うからには、まず自分が本気で夢を追いかけていなくっちゃ。

さらに、私には広島で紙ヒコーキの世界大会を開くという夢もあります。日本中の子どもたちが、世界チャンピオンを目指して友だちと楽しそうに飛ばし方を競いあっている…。そんな環境をつくりたい。

それが私の究極の夢。

戸田拓夫

折りの約束と基本

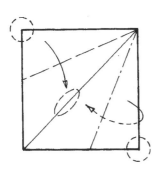 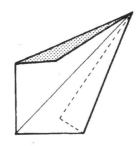 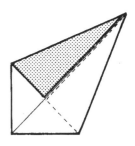

———————	紙のわく線		おもて側に折る
— — — —	谷折り線（折った後、内側にかくれる）		うら側に折る
—・—・—	山折り線（折った後、外側に出る）		まくように折り重ねる、またはうら返す
———————	一度折って開いた線（とくに必要な時のみしるす）		もぐりこませる
— 中央 —	すでに折って開いた中央線（形状的に明らかな中央線の場合は、とくに折りの手順は書かず省略）	⇨	拡大する
- - - - -	紙のわくのかくれ線（とくに必要な時のみしるす）		同じ長さを示す
	目標となる点		倍の長さであることを示す
	目標となる線	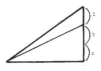	2aがaの2倍の角度であることを示す
	テープどめ（テープでとめると性能がよくなる所）		

内まくり

① 半分に折る → ② 上の紙だけ折ってもどす → ③ ②でつけた折り目を山折りにかえて… → ④ 内側にもぐりこませる → ⑤ 完成

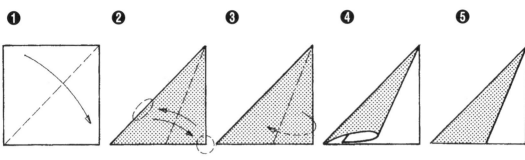

中割り折り

① 内まくり⑤の形から、折り目をつけてもどす → ② ACは山折り、ADは谷折りになるように → ③ すき間を広げ、ABを内側に押しこむようにする → ④ さらに押しこむ → ⑤ 完成

2段中割り折り

① 中割り折りの①の下に折った状態から → ② 開く → ③ ABのラインで中割り折り → ④ ACのラインで中割り折り → ⑤ 完成

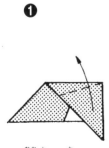

しっかりと
折り目をつけよう

紙の面積や折る方向によっては変わることもあります。

1 左下をつまみ上げ、左上の角に持っていく。

2 左上を合わせたら、右手はそのままで左手をぬく。

3 左手で紙の左下をそっと押さえる。

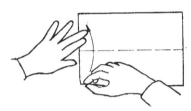

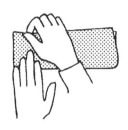

4 左手指先で左下を強く押さえたまま、右手をはなす。

5 右上をつまみ、矢印の方へ引っぱるようにして紙の端を合わせる。

6 小指を軸にして他の指を開きながら左下に折り目をつける。

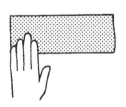
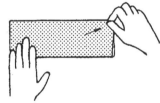
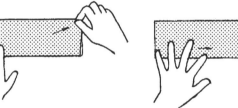

7 左手指先で紙を強く押さえたまま、右手をはなす。

8 右手で右下をそっと押さえ、かるく折り目をつける。

9 右手親指の腹で強く折り目をつける。

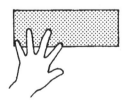
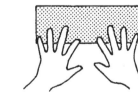
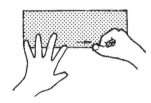

10 左下も同様にして折り目をつける。

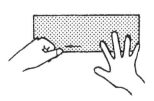

定規を使って折る

離れた2点を結ぶ線で折る時は、定規を使うと便利です。

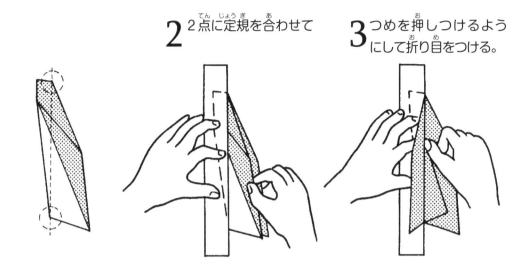

1

2 2点に定規を合わせて

3 つめを押しつけるようにして折り目をつける。

紙ヒコーキに適した紙

　折り重ねが少ない紙ヒコーキには、一般的にコピー用紙レベルの厚みの紙が適しています。
　しかし、複雑な折りをする紙ヒコーキには、うすくて少し硬めの紙が適しています。硬めの紙というのは、折った時に折りの部分が紙の弾力でふくらんだりしません。また強度もあるため、強い投げにも耐えられます。この硬めの紙は、指でつまみ上げて左右にふると、カシャカシャという音がする紙のことをいいます。

調整と飛ばし方

ヒコーキを折り終わったら、
飛ばす前に調整しよう。
調整をしっかりしておくと
ヒコーキがよく飛ぶようになるよ。
つぎの調整法と、機体に合った
正しい投げ方をおぼえてね。

1 ヒコーキのよじれを直す

まず正面から見て、翼に大きなよじれがないかチェックする。よじれていたりふくらんでいると飛ばない。よじれの大きい翼は机の端にのせて、上から定規などでこすって直そう。

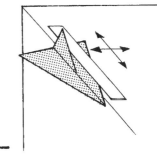

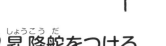

2 昇降舵をつける

翼の後方を5mmほど、つめを立てるようにしてわずかに上にひねっておこす。これが［昇降舵］となる。昇降舵があるとヒコーキがぐんと飛ぶようになる。（つめを立てる方が、折りがもどりにくい）

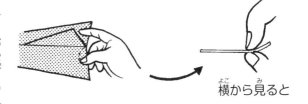

横から見ると

3 昇降舵のチェック

約5°くらい下向きに、まっすぐ押し出すような感じでそっと投げてみよう。手首のスナップはきかせず、棒をまっすぐに投げるように。27ページの飛ばし方「Dタイプ」を見てね。

胴体の先から3分の1のところを持つのが望ましい

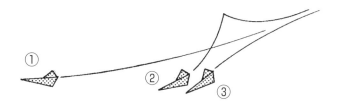

①のようにまっすぐにスーッと飛んでいけばOK。ちょうどよいひねり。

②のように一度くいっと上昇して大きく降りる場合は、昇降舵のひねりが強すぎる。少し下げて調整する。

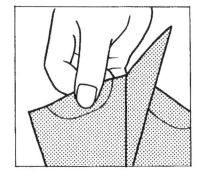

③のように下へストンと落ちてしまう場合は昇降舵のひねりが弱すぎる。少し上げて調整する。

4 左右に曲がる場合の調整

ヒコーキが左右へ曲がる場合は、片方の昇降舵だけをおこして調整する。昇降舵の右を上にひねるとヒコーキは右に曲がる。左を上にひねると左に曲がる（図1）。

また垂直尾翼（「高記録を生む10のポイント」参照）を上から見て右にひねると右に、左にひねると左に曲がる（図2）。

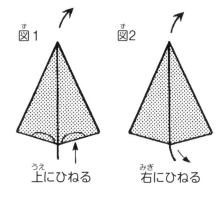

垂直尾翼はなるべくさわらない

垂直尾翼の調整を先にすると、飛行のバランスはとれても、弱い風にまかれやすい機体になる。方向の調整はできるだけ主翼の昇降舵でする方がよい。

5 ヒコーキの飛ばし方

遠くへ飛ばすには（距離競技）………Aタイプ

　3、4の調整でまっすぐにきれいな飛行をするようになったら、さらに強いスピードでまっすぐに投げてみよう。
　自然にやや上向きにかまえ、まっすぐに思いきり送り出す。一連の動作は素早く、手が完全に伸びきる直前にヒコーキから手がはなれるのが望ましい。棒をまっすぐに放り投げるイメージで。ふりかぶったりしないこと。

距離競技の飛ばし方

①

②

③

④

長い時間飛ばすには（滞空時間競技）………Bタイプ

図のように真上に思いきり投げてみよう。①のように10〜20mの上空で反転して飛行にうつれば成功。②のように大きく反転して、投げた位置まで急降下するのは失敗。その時は昇降舵のひねりを下げる。

滞空時間競技の飛ばし方

わずかに体を沈め、ほぼ真上に向けて、体全体をバネにするような感じで思いきり投げる。距離競技と同じく手首のスナップは使わず、棒を投げるように投げ上げよう。

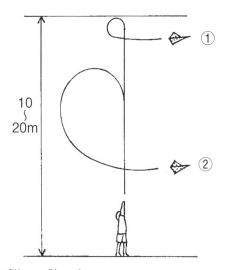

立体カメ虫を飛ばすには………Cタイプ

立体カメ虫（p74）のような特殊な形のヒコーキは、独特の投げ方をしなくてはならない。図のように四角い口の底をつかんで構え、野球のボールのようにふりかぶってスナップをきかせて投げよう。投げると、くるっと反転して四角い口が先になり、はばの広い方が下になって飛んでいく。

立体カメ虫の飛ばし方

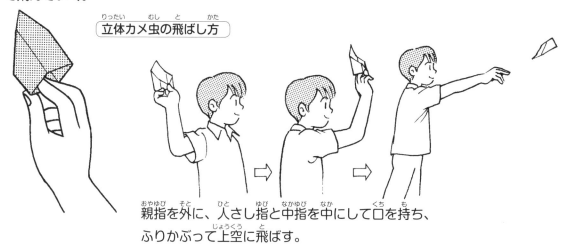

親指を外に、人さし指と中指を中にして口を持ち、ふりかぶって上空に飛ばす。

そっと飛ばすには………Dタイプ

機体を調整して確認する投げ方で、顔の横あたりから前にまっすぐ押し出すようにそっと投げる。投げる力の弱い幼児や高齢者にも向いている投げ方。

高記録を生む10のポイント

知っておこう！

少しむずかしいかもしれないけれど、
これを知っておいてつくると、
ヒコーキが見ちがえるように飛ぶようになるぞ！

ポイント1　主翼の形

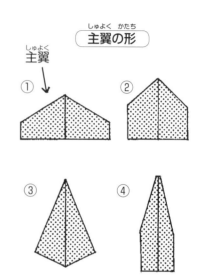

主翼の形

紙ヒコーキの主翼の形は、大きく4パターンに分けられます。

本物の飛行機では、翼は（たわみさえしなければ）横に長いほどよいとされます。「鳥人間コンテスト」などで大記録を打ち立てるグライダーは、おおむね長い翼を持っています。しかし、紙ヒコーキは弱い紙でできているので、あまり横に長い翼だと風に耐えられず折れてしまいます。そのあたりの加減がポイントです。

①と②は翼が幅広のタイプで滑空性能がよく、長い時間飛んでいます。滞空時間競技に向くタイプです。ただし方向がそれやすく、強く投げると宙返りする傾向があります。

滑空性能がよいのは①ですが、翼が弱くて強く投げることができず、高くまで投げ上げられません。よって一番よく飛ぶのは②のヒコーキです。中でも翼の縦横の比率が1対1のものが最も長い時間飛んでくれます。

③と④は翼が細長くて滑空性能が劣りますが、風の抵抗が少ないのでスピードがでます。投げ上げれば高く飛びますが、すぐ落ちてきてしまいます。距離競技に向いているタイプです。

④のヒコーキは遠くまで投げることができますが、翼の横幅がせまいので機体が安定せず、回転して墜落する可能性があります。距離競技には③が一番向いているといえます。

ポイント2　垂直尾翼の位置

　紙ヒコーキの垂直尾翼は、必ずしもはっきりした形をしていません。その場合は、ヒコーキの重心より後ろにある垂直に立った部分、つまり胴体の後ろがそのまま垂直尾翼の役割をします。

　重心より後ろにある垂直尾翼の面積が広くなるほどヒコーキの方向安定性は増し、まっすぐ飛びやすくなります。垂直尾翼が大きい紙ヒコーキは距離競技に向いているのです。

　紙ヒコーキの垂直尾翼のパターンを①〜⑤までに示しました。垂直尾翼は重心より後ろにあればあるほどよいので、一番すぐれた形は④です。反対に悪いのは①のパターンです。

　①のようにどうしても垂直尾翼が前に来る場合は、胴体部分を垂直尾翼にすることをあきらめ、両翼の端を立てた⑤の形にした方が方向性は安定します。

　24ページで解説したように、垂直尾翼は左右に少し曲げただけで大きく旋回するので、垂直尾翼にはなるべくさわらないようにしましょう。

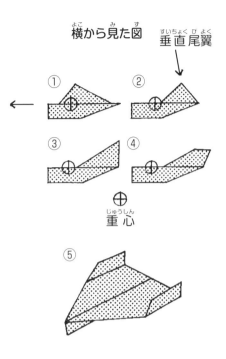

ポイント3　重心の位置

　重心は、ヒコーキの重さの中心点です。両方の翼にコンパスの針を立てると、機体の前後の重さが一致してやじろべえのようにちょうど釣り合う点があります。それが重心です。

　前述したように重心はやや機体の前寄りの位置になります。重心を前に置きたい場合は、機体の前の部分の折り重ねをふやします。重心を前に移動させるとヒコーキは墜落気味になりますが、主翼の後ろに昇降舵を付けることでバランスよく飛ぶようになります。

　ただし、①のようにあまり重心が前にあると、昇降舵のひねりを大きくしなければならず、昇降舵の空気抵抗が大きくなりすぎて飛びにくくなってしまいます。③のように重心が後ろにあると失速するので、②のように重心がやや前寄りになるように調節しましょう。

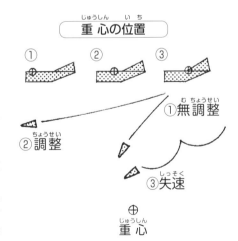

ポイント4 昇降舵

　紙ヒコーキは、①のように昇降舵を付けるとよく飛ぶようになります。昇降舵は、よく飛ぶヒコーキの秘訣だといえます。

　しかし、②のように胴体が開き、垂直尾翼が横に開いている場合があります。こういう時のヒコーキは、垂直尾翼が昇降舵と同じ役割をするので、新たに昇降舵を付ける必要はありません。ただし、この形のヒコーキは胴体の空気抵抗が大きいので、滑空性能は劣ります。

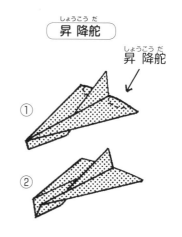

ポイント5 翼端の形

　翼端とは、翼の先端のことです。翼端の形によって飛び方が大きく違ってきます。

　飛行機は風の抵抗をスムーズに後ろに流せるように、翼や胴体の断面は流線型をしています。断面が丸い棒のようになっていると、その後ろで空気の流れが大きく乱れ、空気抵抗がとても大きくなります。

　1903年世界初の動力飛行に成功したライト兄弟のフライヤー号や複葉機などは、翼を固定するために柱や棒をたくさん使っていますが、柱や棒は滑空性能を非常に悪くしています。現在の飛行機では、翼の断面はほとんど流線型をしています。

　図のように①と②で翼端の断面を比べてみましょう。

　①のように主翼の先端が尖り、断面が棒のように丸いと、翼の後ろに強い乱気流が起こり、空気抵抗がとても大きくなります。時として、同じ紙厚の翼の10倍近くにもなることが科学的に実証されています。折りを調節して、②のように翼の先端は尖らさず、幅を持たせるようにしましょう。

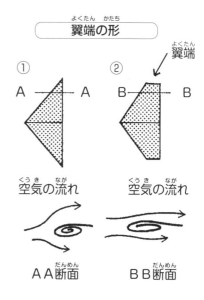

ポイント6　垂直尾翼の形

図は、ヒコーキを真横から見た形です。垂直尾翼は大きく分けると①～③の形になります。①は垂直尾翼が独立したもので、本物の飛行機のような理想的な形。②は翼の下が垂直尾翼になっている形。③は主翼の両端を立てて垂直尾翼にしたもの。

①の形が一番よいように思えますが、紙ヒコーキでは必ずしもそうではないのです。①は思いきり投げ上げた場合、強い風を受けると宙返りしやすくなります。垂直尾翼が上向きなので、昇降舵と同じ役割を果たしてしまうからです。その点、②と③は見栄えは悪いですが宙返りをせず、よく飛ぶ傾向にあります。特に③は下向きのボディと上向きの垂直尾翼が同じ幅で付いており、翼の上下にかかる力が相殺されて飛行が非常に安定します。

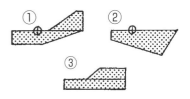

垂直尾翼の形

ポイント7　主翼の断面の形❶

主翼の断面の形も、ヒコーキの飛び方に大きな影響を与えます。主翼をAAで切った断面を①～④に表します。折っただけの状態が①、後ろに昇降舵を付けたのが②です。

紙ヒコーキの翼は、普通は②の形で飛ばしています。しかし、できれば③のような形が望ましいのです。ヒコーキが滑空している時に翼が受ける空気の流れは、右図のようになります。③のように翼の先端が少し下がった形は、空気の流れを逆らわず抑えることができるので、翼の上側に空気の薄い部分ができやすく、揚力（上向きの上昇力）が得やすいのです。翼の形として一番理想的です。翼の折り方を工夫して、③のような形になるようにしましょう。ただし、図ではわかりやすくするために大きな角度で表現しましたが、実際は3°程度のわずかな角度です。

翼の先が少し上がっている④は、③より空気の薄い部分が多くできますが、乱気流ができるため揚力が得られにくくなります。性能が落ちるので、折った時に先端が反りあがっている場合は、定規などで直しましょう。

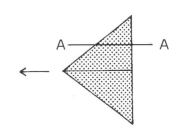

主翼の断面の形❶

AA断面

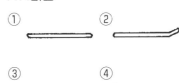

揚力　　空気の流れ

ポイント8　主翼の断面の形❷

紙ヒコーキは、主翼を何重にも折り重ねてつくります。そのため、①のように先端に折り重なりが多い部分があると、それが垂れ下がっているものがあります。折り重なりが垂れ下がっていると空気抵抗が大きいので、②のようにテープでとめるか、③のように先端を「く」の字にわずかに曲げて直すとよいでしょう。

④のように翼の上側に折り重なりがあると、上側に乱気流が起きて滑空性能が悪く

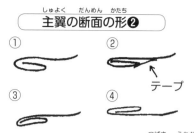

なってしまいます。ヒコーキは翼の上側に空気の薄い部分ができるため、上に吸い上げられるようにして飛行します。翼の上は空気がスムーズに流れれば流れるほどよいので、流れを乱すような上面の折り重なりは避けましょう。

ポイント9　補助翼と水平尾翼

本物の飛行機には補助翼や水平尾翼がありますが、紙ヒコーキも同じように補助翼や水平尾翼を持つ種類があります。自分で工夫して折ってみてもよいでしょう。

本物の飛行機では、前から見ると主翼と補助翼・水平尾翼が高さを変えて取り付けられているので、機体の安定に大きく役立っています。しかし紙ヒコーキの場合、補助翼や水平尾翼は主翼と同じ高さ（同一面上）にあるので、大きな効果が得られにくいのです。

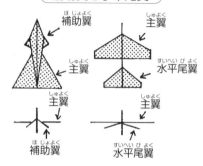

そこで、補助翼や水平尾翼は図のように下向きに10〜20度曲げて、主翼と角度差を付けると効果が得られやすくなります。

ポイント10　翼の角度

翼の角度を図に示します。①が下向き〔下反角〕、②が水平、③が上向き〔上反角〕です。翼の角度については、一般的には②のような水平のものがよいと考えられています。しかし、やり型ヒコーキのような三角翼のもので垂直尾翼が上にある型は、①のような下反角の翼の方が滑空性能が上がる場合が多いのです。明確な垂直尾翼がない型では、手を離れる前まではAのようにしておき、手を離れた後はBのように少し開いて翼がちょうど水平になるのがよいのです。紙ヒコーキの上反角は機体がローリング（横ゆれ）を起こした時に元

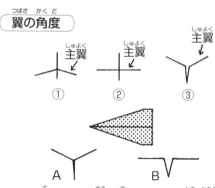

にもどろうとする力が働く（上反角効果）ので安定性はよくなりますが、滑空性能はいくらか劣ります。あまり大きな上反角は避けましょう。

折り紙ヒコーキ協会・競技会規約　　（2017年4月1日改訂）

共通の規定

1. 競技部門は、距離競技、滞空時間競技共に2部門とする。
   - ●小学生以下の部
   - ●一般（中学生以上）の部
2. 使用する紙は、折り紙ヒコーキ協会の認定競技用紙を原則とする。
   - ●距離競技————A4サイズを使用
   - ●滞空時間競技——A5サイズを使用
3. 紙ヒコーキの製作、投てき
   - ●1枚の紙を折るだけで作ること。
   - ●紙を切る、他の紙を貼り付ける、オモリ等を付ける、テープの使用、のり付け、ヤスリがけは禁止。
   - ●参加者（投てき）が製作して投てきすること。（紙ヒコーキの貸し借りは禁止とする。）
   - ●投てき回数内であれば機体の変更は可能とする。（1投1投、機体を変えてもよい。）
       - ※注記　・競技前に計測員が機体を確認します。
       - 　　　　・競技中に紙ヒコーキが破れた場合は、他の機体（予備、新たに製作）に変えて再トライとする。
       - 　　　　・計測後に違反が発見された場合は失格となります。

競技別の規定

1. 距離競技
   - ●紙ヒコーキを投げた位置から床に着地（床を滑って静止）した紙ヒコーキの先端位置までの距離で競う。
   - ●紙ヒコーキは手投げとし、ひとりの人（投げる人）が人の助けを借りずに投げなければならない。
   - ●紙ヒコーキを投げる際の助走距離は10m以内とする。
   - ●平地のメインフロアより高い場所から投げてはならない。
   - ●紙ヒコーキの横幅（翼）は、8cm以上とする。
   - ●壁などに当たった場合は、着地点で測定する。
   - ●距離はcm単位まで測定する。（1cm以下は四捨五入）

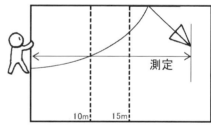

2. 滞空時間競技
   - ●紙ヒコーキを投げた瞬間（手から離れた時点）から床に着地までの飛行時間で競う。
   - ●紙ヒコーキは、手投げとし、ひとりの人（投げる人）が静止状態から人の助けを借りずに投げなければならない。
   - ●紙ヒコーキを投げる際に、助走や早歩きは認められない。
   - ●平地のメインフロアより高い場所から投げてはならない。
   - ●投げる一連の動作の間は、片足もしくは両足が地面から離れないこと。
       - ・片足が5cmまで上がるのは1回のみOKとして注意を宣告し、2回目以降は記録は無効。
       - ・両足が上がるのはNGとし、記録は無効。
   - ●滞空時間の記録は、ストップウォッチを使用して測定し、小数点以下2ケタまでを記録とする。
       - （例：1回目12.34秒、2回目9.56秒）
   - ●紙ヒコーキが人に接触、衝突した場合は、その後に落下着地した時点までの時間とする。
       - 1秒以上引っかかっていたときは再トライとする。
       - また、競技者の申告により再トライできる。
   - ●紙ヒコーキが人以外の壁や物等に接触、衝突した場合、その後に落下着地した時点までの時間とする。
       - 1秒以上引っかかっていたり、高所に引っかかったときは再トライとする。

滞空型

へそヒコーキ

このヒコーキは、長方形の紙が広く用いられるようになった大正から昭和の初めにかけて折られはじめたといいます。長野県が発しょうであるらしいというところまではわかってきました。②の折りの位置を決めていなかったためと、翼のうしろのひねりの調整をしなかったために、紙質によって飛んだり飛ばなかったりしたという記憶があります。

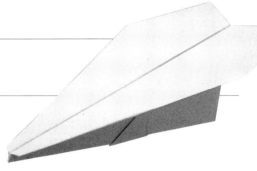

■紙のサイズ…長方形
■飛ばし方……A・Bタイプ（p25・26参照）
■難易度………★

① 中央の折り目に合わせて折る。

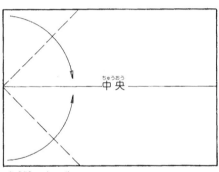

（中央に折り目をつけておく）

② aのはばが同じになるように折る。

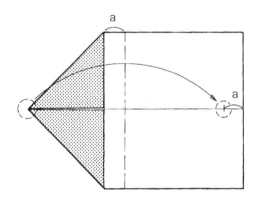

③ 中央に合わせて折る。

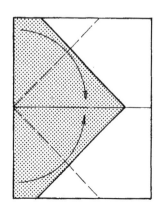

④ 図のように折る。

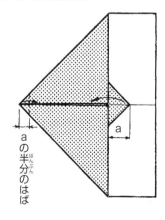

aの半分のはば

34

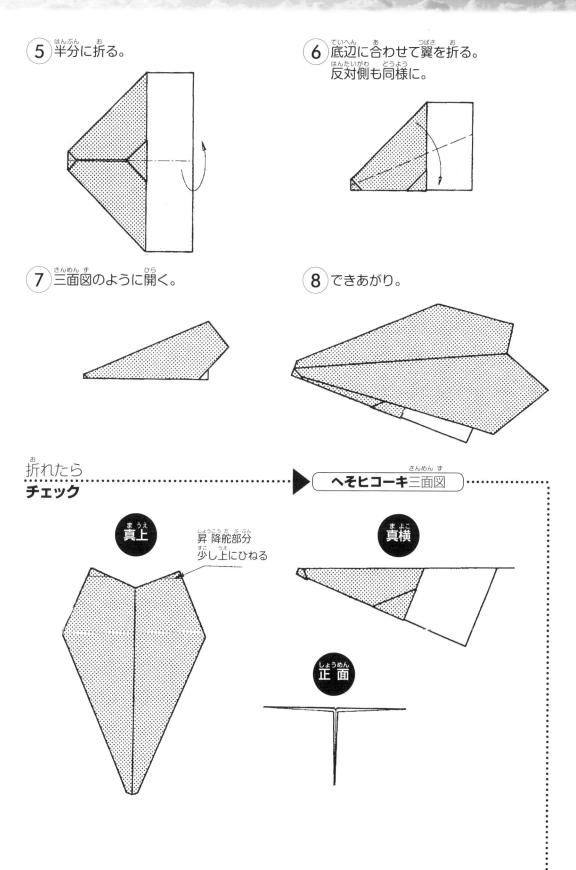

滞空型
ファルコン

1分で折れるかんたんなヒコーキです。しかし、きちんと折れたら意外なほどよく飛んでくれます。三面図の正面から見た翼の角度に注意してください。また翼のひねりも忘れないように。

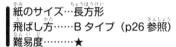
■紙のサイズ…長方形
■飛ばし方……Bタイプ（p26参照）
■難易度………★

① 半分に折ってもどす。

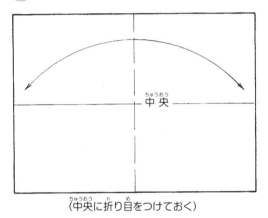
（中央に折り目をつけておく）

② 中央に合わせて折る。

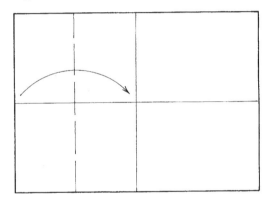

③

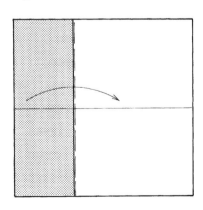

④ 印に合わせて折る。

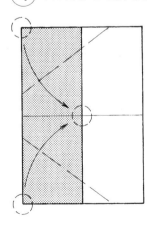

⑤

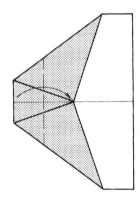

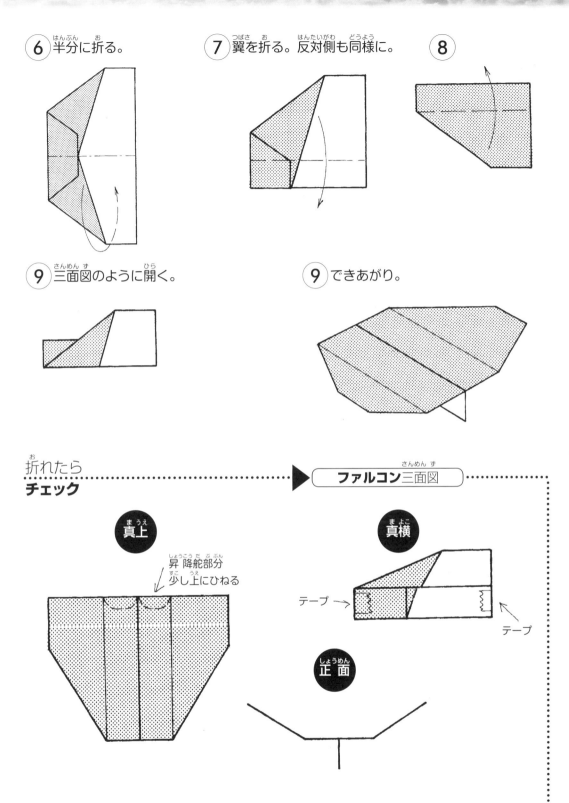

滞空型
ウイングスター

このヒコーキは5、6歳の子どもでもかんたんに折れます。ただし、注意してほしいのは、④の折りで中央に2mmのすき間をあけることです。このすき間がないと、折りあがった時に、紙の弾力で中央が開いてしまいます。

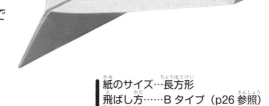

■紙のサイズ…長方形
■飛ばし方……Bタイプ（p26参照）
■難易度………★

① 中央の折り目に合わせて折る。

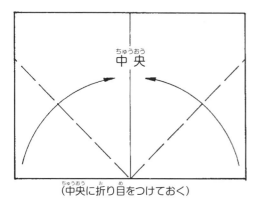

（中央に折り目をつけておく）

② 印に合わせて折る。

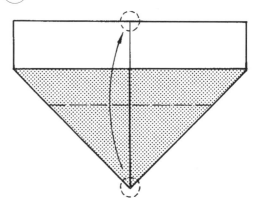

③ 中央に合わせて折る。

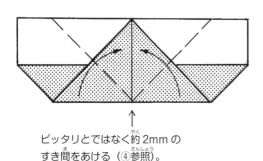

ピッタリとではなく約2mmのすき間をあける（④参照）。

④ 半分に折る。

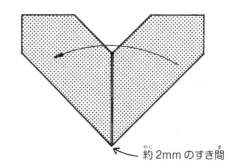

約2mmのすき間

⑤ aのはばが同じになるように翼を折る。反対側も同様に。

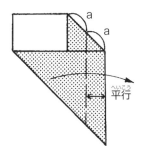

⑥ aのはばが同じになるように折る。反対側も同様に。

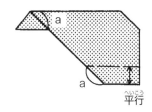

⑦ 三面図のように開いてできあがり。

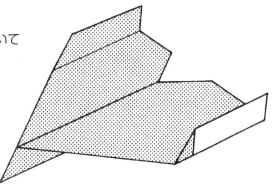

折れたら
チェック ▶ **ウイングスター三面図**

滞空型　ウイングスター

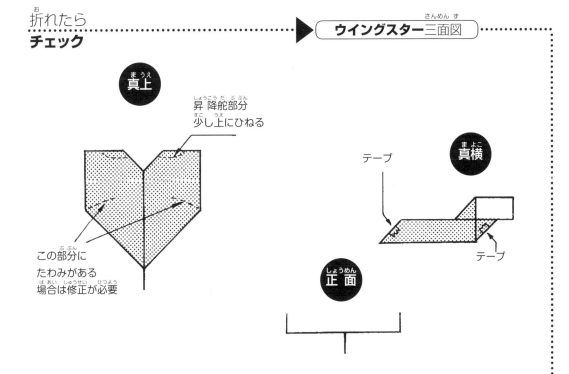

滞空型
コンセプトSR

もっとも原始的な紙ヒコーキです。しかしもっとも理想的な構造をしています。先端にいくほど折り重ねが多く、強度と推進力が得やすいようになっています。

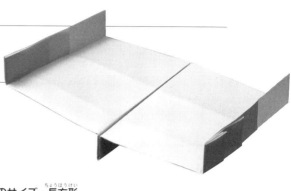

- 紙のサイズ…長方形
- 飛ばし方……Bタイプ（p26参照）
- 難易度………★

① 半分に折る。

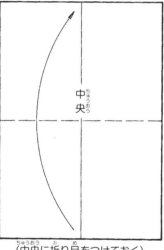

（中央に折り目をつけておく）

② 半分に折る。

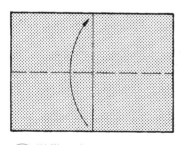

③ 半分に折る。

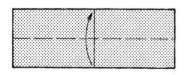

④ 全部開く。

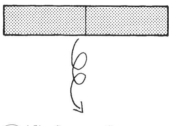

⑤ 印に合わせて折る。

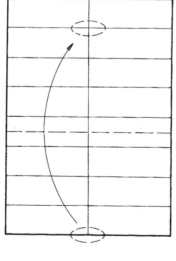

⑥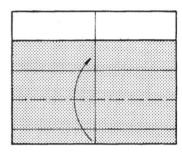

⑦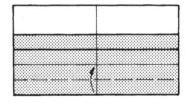

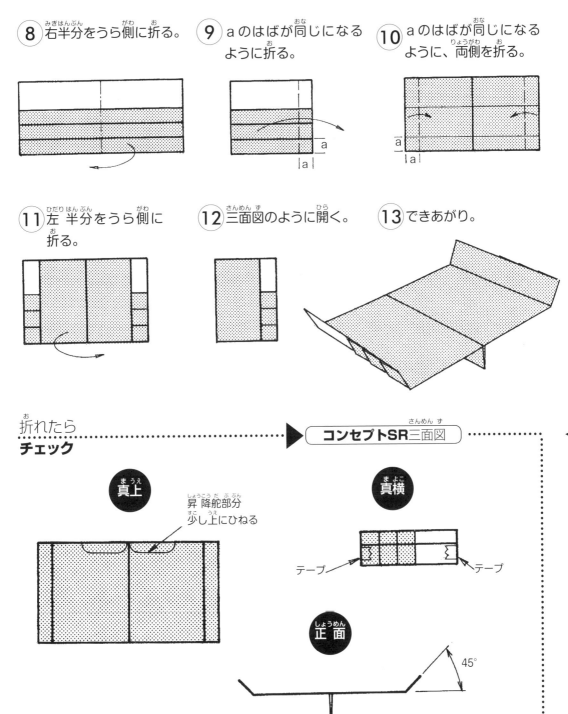

滞空型
ソラス

折りすじが明確で、かんたんなヒコーキです。風にさからわず、まっすぐに送り出すようにして飛ばすのがコツです。

■紙のサイズ…長方形
■飛ばし方……A・Bタイプ（p25・26参照）
■難易度………★

① 中央の折り目に合わせて折る。

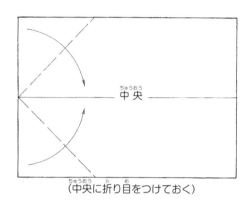

（中央に折り目をつけておく）

② 折ってもどす。

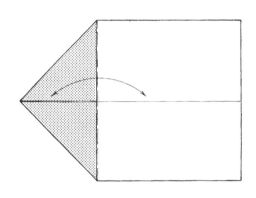

③ 印に合わせて折る。

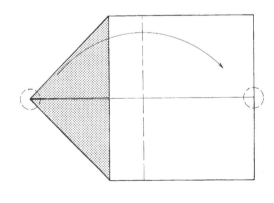

④ 印に合わせて折る。

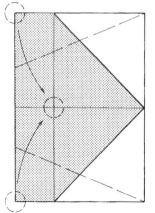

⑤

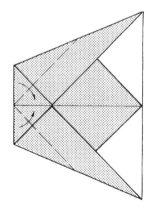

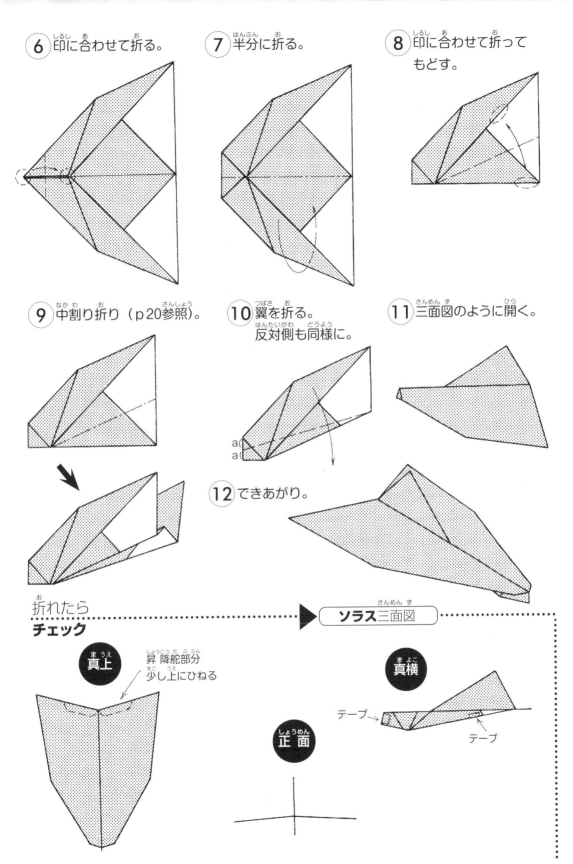

滞空型
シュワイザー

このヒコーキは、翼の先が開かないようにしているのがミソです。屋外で思いきり投げてもいいし、室内でふわりと投げてもきれいに飛んでくれる万能タイプです。

■紙のサイズ…正方形
■飛ばし方……B・Dタイプ（p26・27参照）
■難易度………★

① 中央の折り目に合わせて折る。

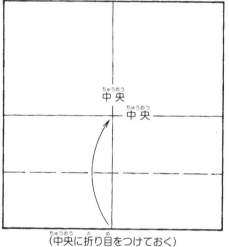

（中央に折り目をつけておく）

② 折ってもどす。

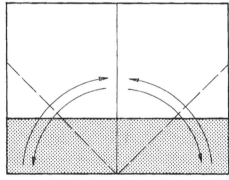

③

④

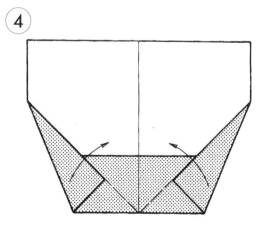

⑤ 印に合わせて折ってもどす。

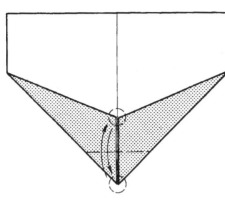

⑥ 半分に折る。

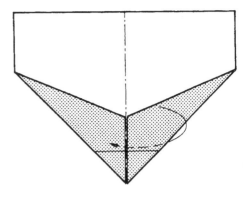

⑦ 印に合わせて折ってもどす。

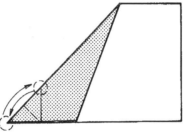

⑧ ふくらませるように折る。

⑨ つぶす。

⑩ 下に折る。

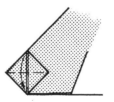

⑪ 左側をうらへ折る。

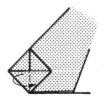

⑫ ＡＢを結ぶ線を目標に折ってもどす。

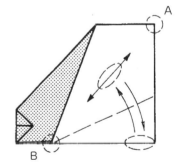

滞空型　シュワイザー

⑬ 中割り折り（p20参照）。

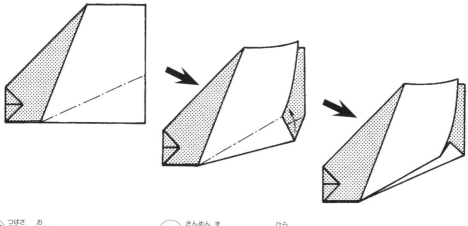

⑭ 翼を折る。
反対側も同様に。

⑮ 三面図のように開く。

⑯ できあがり。

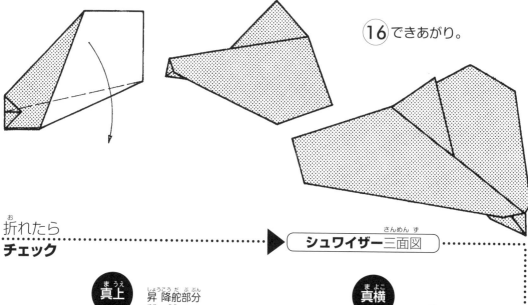

滞空型　シュワイザー

折れたらチェック ▶ シュワイザー三面図

真上　昇降舵部分　少し上にひねる

真横

正面

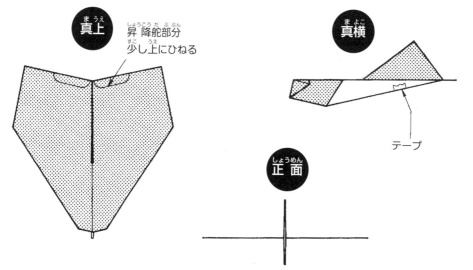

テープ

46

距離型

流星号
りゅうせいごう

流れ星のような形をしたヒコーキです。折りはかんたんですが、まっすぐきれいに折るのは意外とむずかしいのです。正面から見て、左右がきれいに対称に折りあがっていれば、わずかな翼のひねりで飛んでくれます。

紙のサイズ…長方形
飛ばし方……Aタイプ（p25参照）
難易度………★★

① 印に合わせて折る。

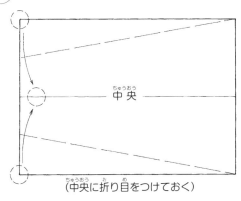

中央

（中央に折り目をつけておく）

② 印に合わせて折る。

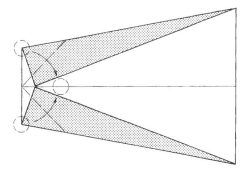

③ もどす。

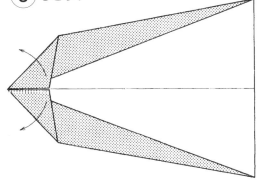

④ 印に合わせて折る。

⑤

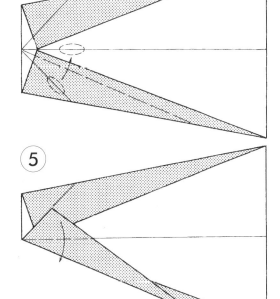

47

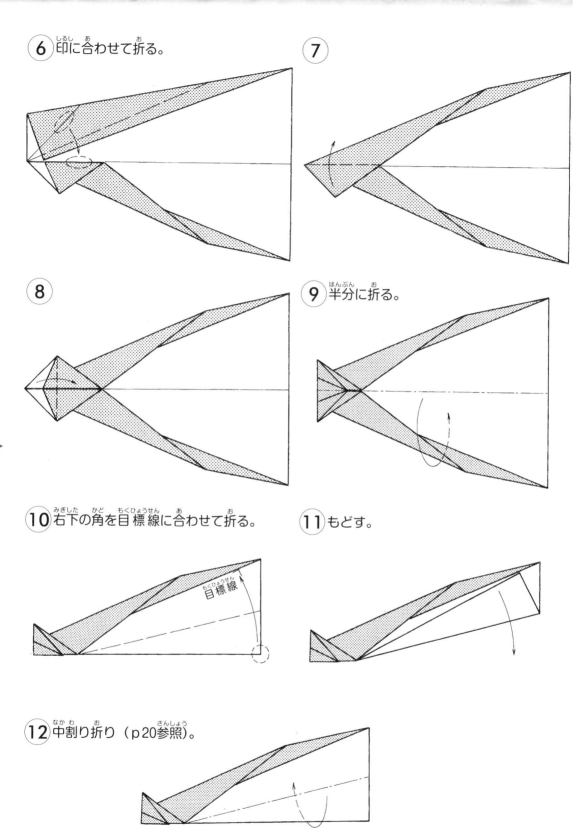

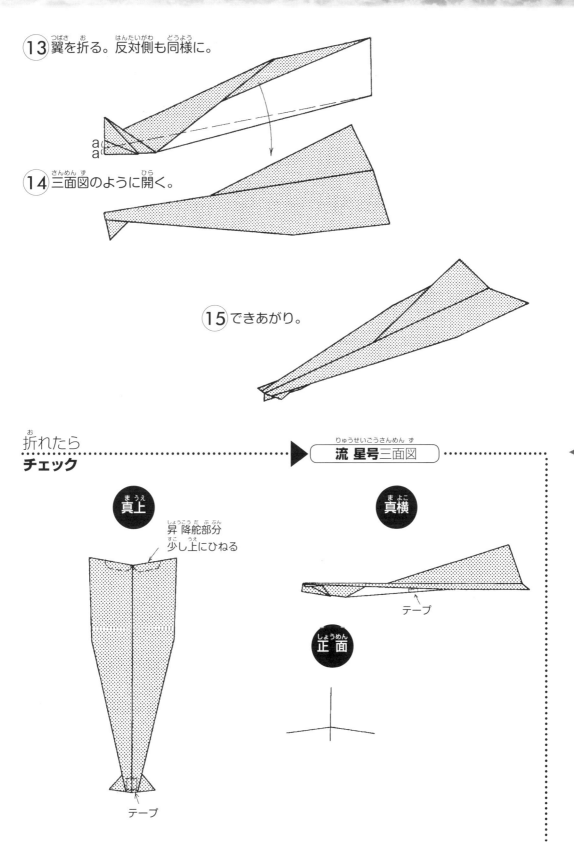

距離型

やり型機1号

古くから伝わるやり型のもっとも基本的な形のヒコーキです。従来のものより折り重ねを多くした分だけよく飛んでくれます。

紙のサイズ…長方形
飛ばし方……Aタイプ（p25参照）
難易度………★

① 中央の折り目に合わせて折る。

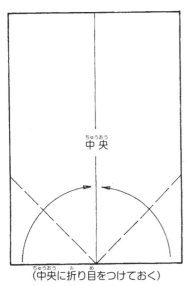

（中央に折り目をつけておく）

② 中央に合わせて折る。

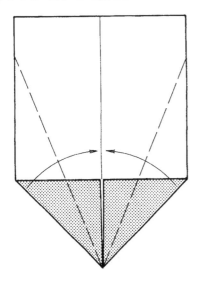

③ もどす。

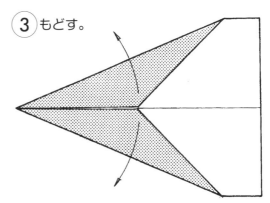

④

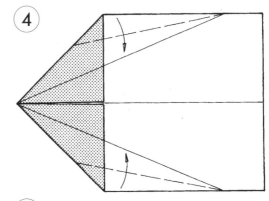

⑤

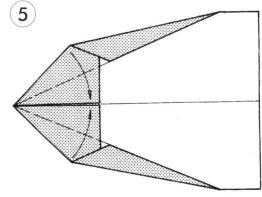

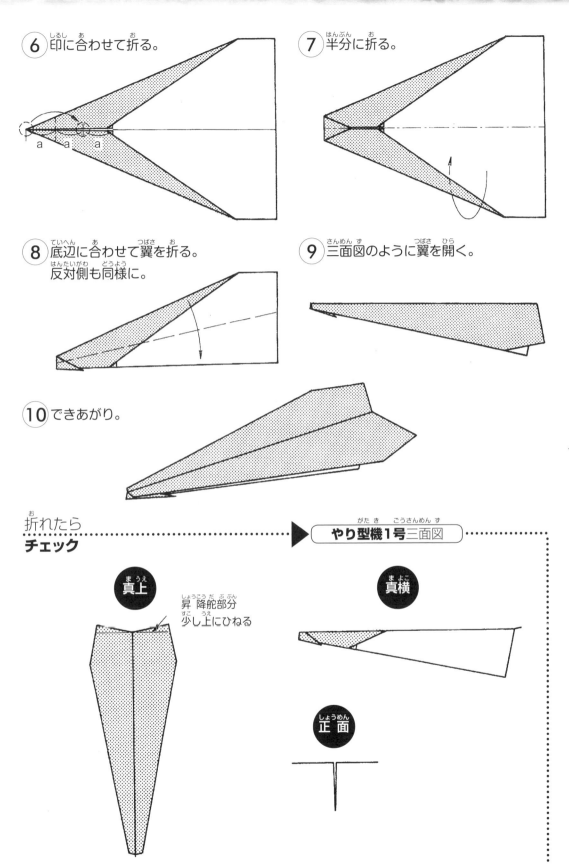

距離型

コスモファイター

やり形ヒコーキを改良したものです。折りをふやし、重心を前に寄せて飛行性能を上げました。翼のうしろのひねりを忘れないようにしてください。

紙のサイズ…正方形
飛ばし方……Aタイプ（p25参照）
難易度………★

① 中央の折り目に合わせて折る。

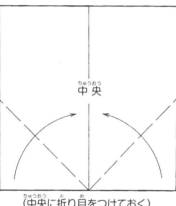
（中央に折り目をつけておく）

② 中央に合わせて折る。

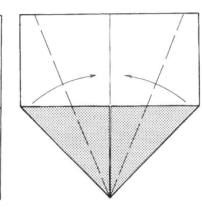

③ もどす。

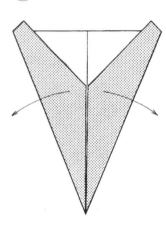

④

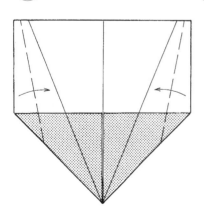

⑤ 中央に合わせて折る。

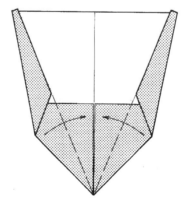

⑥ 1対2の比率で折る。

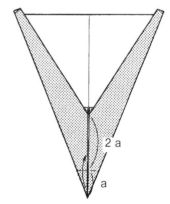

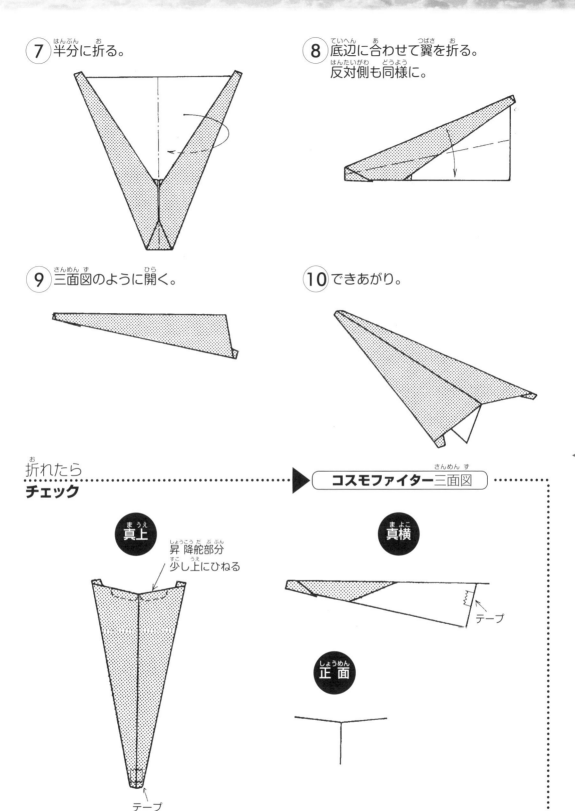

距離型

キャリバー

古くから伝わるイカヒコーキの変形型です。⑥の折りを従来のものと反対側に折るのが特徴です。紙ヒコーキではこのようなイカヒコーキ型のものが数多くあります。

紙のサイズ…長方形
飛ばし方……Aタイプ（p25参照）
難易度………★

① 中央の折り目に合わせて折る。

（中央に折り目をつけておく）

②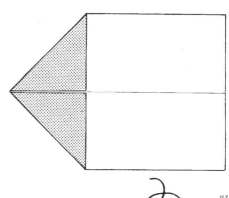

うら返す

③ 中央に合わせて折る。

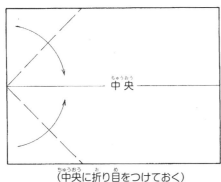

④ うら返す。

⑤ 開く。

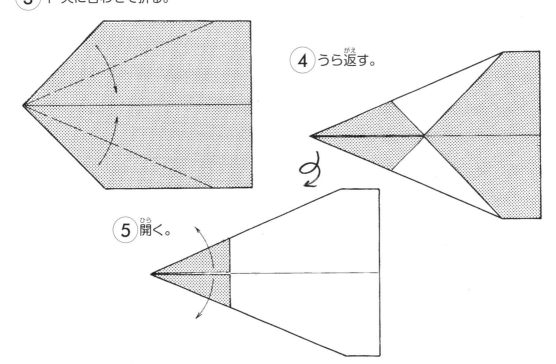

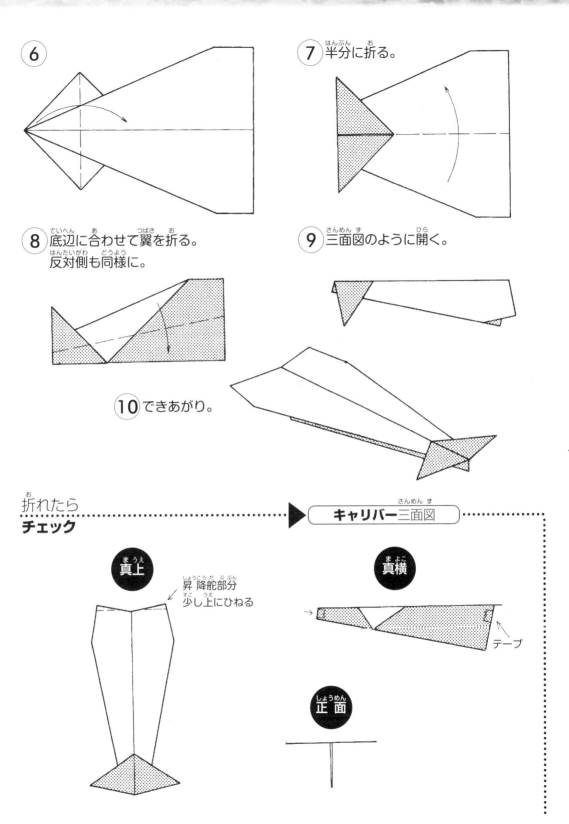

距離型

ライナー

昇降舵のひねりはほんのわずかにしてください。ひねりすぎると失速し、距離がでません。また細長い機体ですから、折りが曲がりやすいので注意してください。

■紙のサイズ…長方形
■飛ばし方……Aタイプ（p25参照）
■難易度………★★

① 印に合わせて折る。
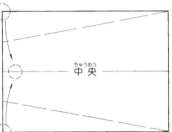
（中央に折り目をつけておく）

② 中央に合わせて折る。
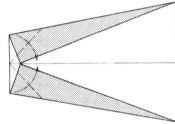

③ 中央に合わせて折る。
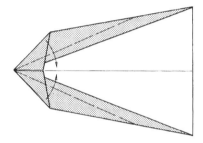

④ 1対2の比率で折る。
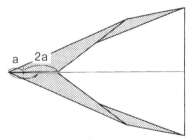

⑤ 半分に折る。
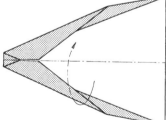

⑥ 印に合わせて折る。
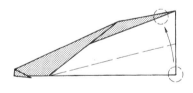

⑦ もどす。

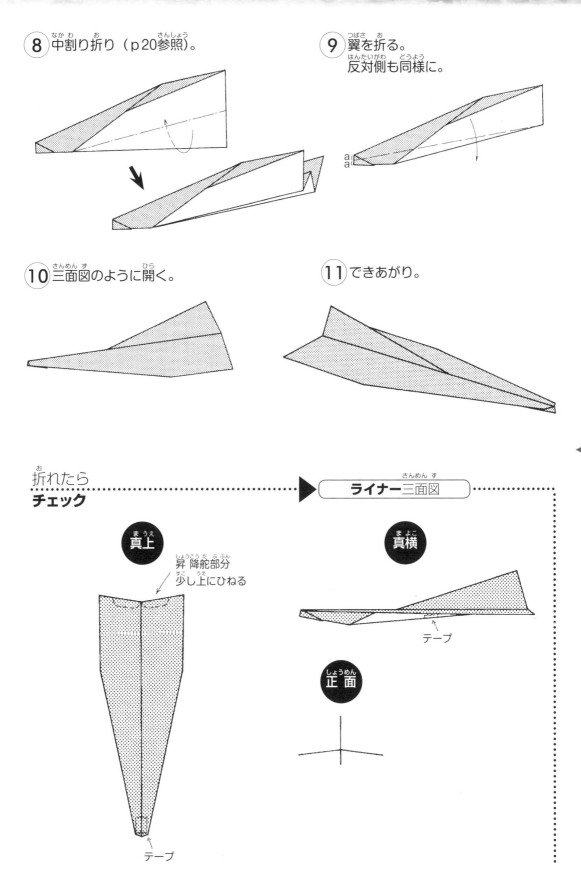

安定型
スカイドラゴン

へそヒコーキの変形型です。かんたんに折れて飛ばしやすいヒコーキです。翼はわずかに上に角度をつけた方がよいでしょう（三面図参照）。

■紙のサイズ…長方形
■飛ばし方……A・Bタイプ（p25・26参照）
■難易度………★

① 中央の折り目に合わせて折る。

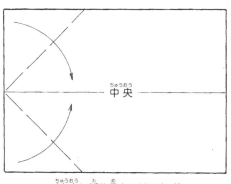
（中央に折り目をつけておく）

② aのはばが同じになるように折る。

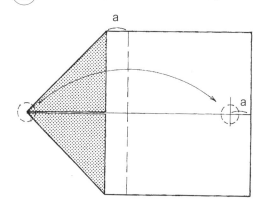

③ 折ってもどす。

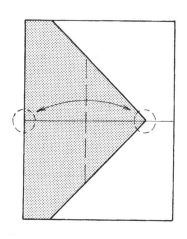

④ 印に合わせて折る。

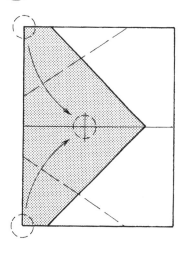

⑤

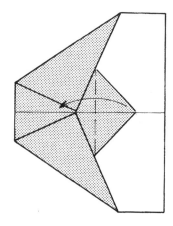

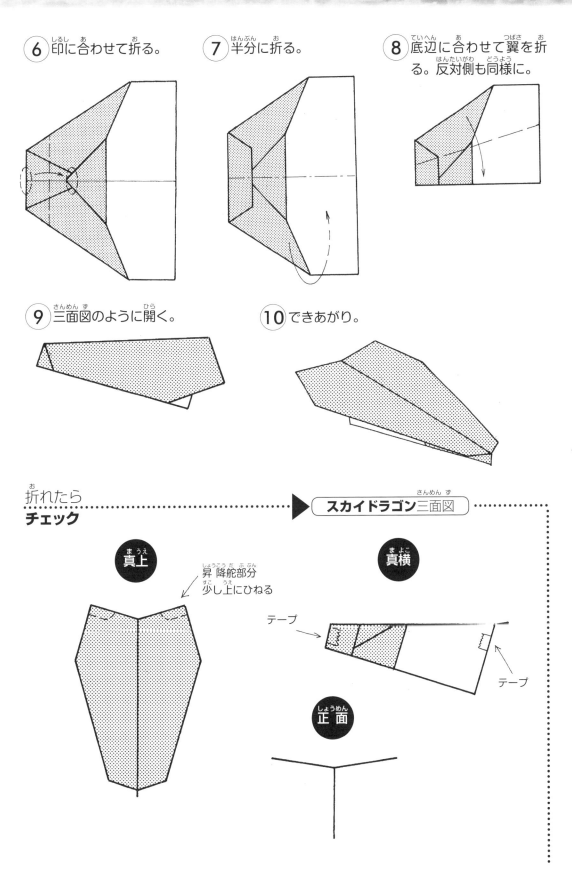

安定型

オニオン

正方形をななめに折るヒコーキは一般にはあまり知られていませんが、意外に種類が多いのです。このヒコーキはその中でも比較的シンプルで、よい形をしていると思います。

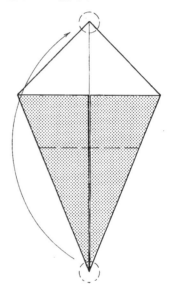

紙のサイズ…正方形
飛ばし方……A・Bタイプ（p25・26参照）
難易度………★★

① 中央の折り目に合わせて折る。

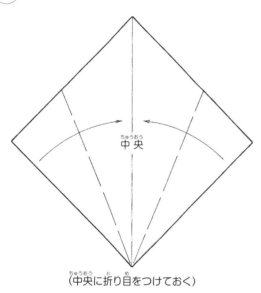

（中央に折り目をつけておく）

② 印に合わせて折る。

③ 印に合わせて折る。　④ 　⑤ 3等分したはばの所で折る。

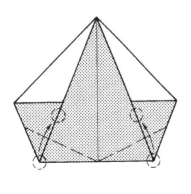
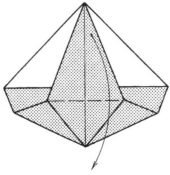
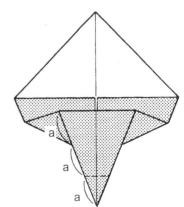

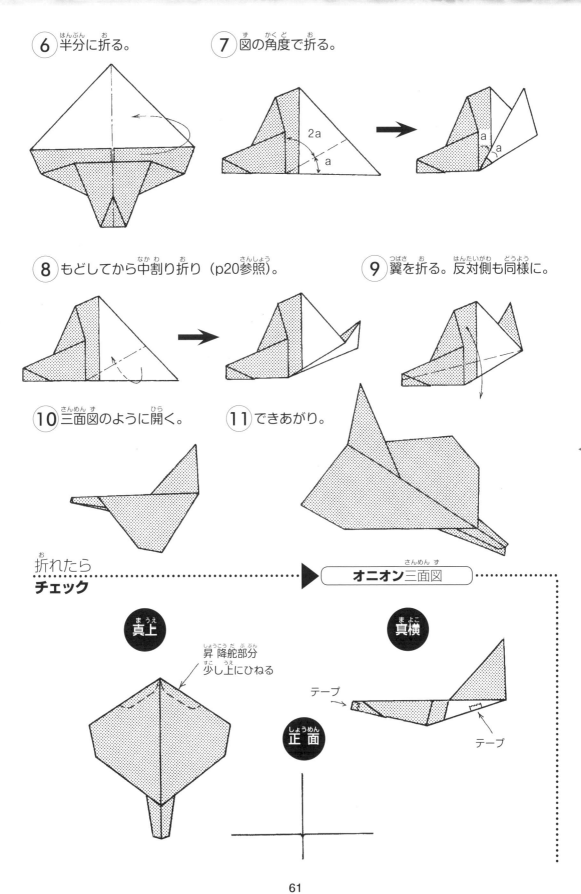

安定型

マーキュリー

むずかしい折りがなく、形もよいので人気のあるヒコーキです。翼は、三面図の正面から見た角度に注意してください。

▌紙のサイズ…長方形
▌飛ばし方……A・Bタイプ（p25・26参照）
▌難易度………★★

① 中央の折り目に合わせて折る。

（中央に折り目をつけておく）

② 折ってもどす。

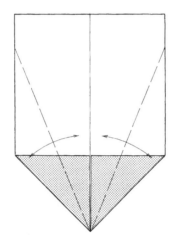

③

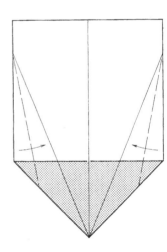

④

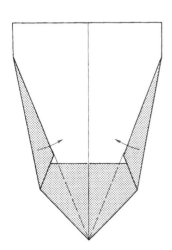

⑤ 印に合わせて折る。

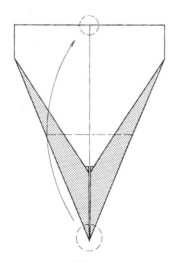

⑥

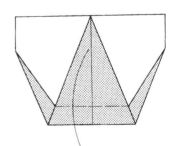

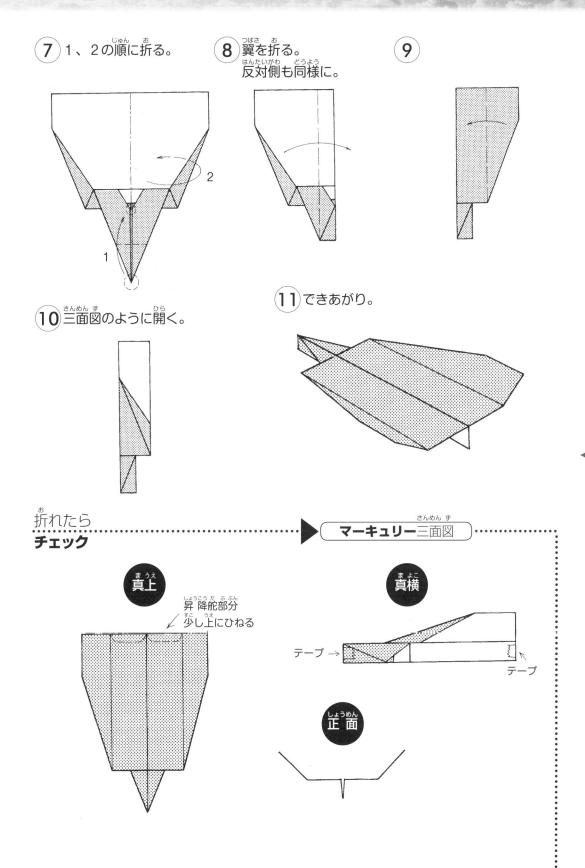

安定型

アラジン

丸い翼が特徴のヒコーキです。上手に折れたものは思いのほかよく飛んでくれます。本物の飛行機も将来こんな形のものが登場するかもしれません。

|紙のサイズ…長方形
|飛ばし方……A・Bタイプ（p25・26参照）
|難易度………★★

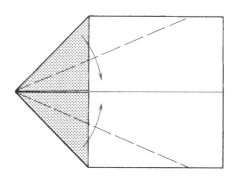

① 中央の折り目に合わせて折る。

② 中央に合わせて折る。

（中央に折り目をつけておく）

③

④ 印に合わせて折る。

うら返す

この位置

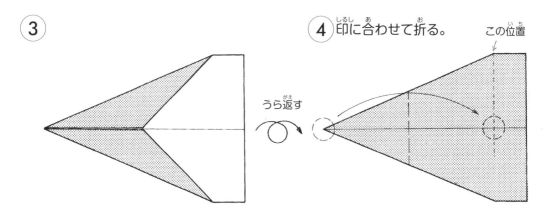

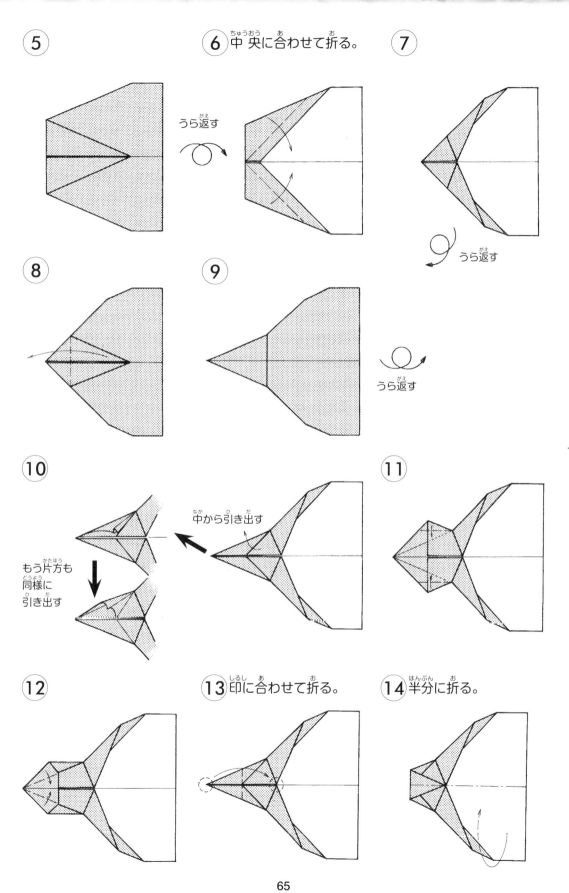

⑮ 右下の角を目標に合わせて折ってもどす。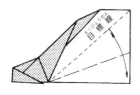

⑯ 中割り折り（p20参照）。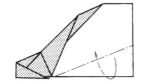

⑰ 翼を折る。反対側も同様に。

⑱ 三面図のように開く。　⑲ できあがり。

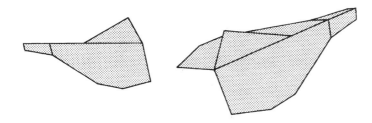

折れたら
チェック

▶ **アラジン三面図**

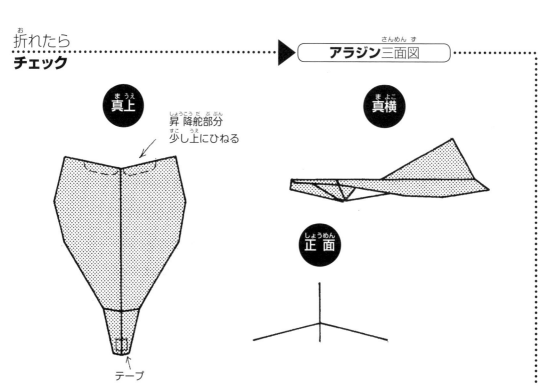

安定型
ホーネット

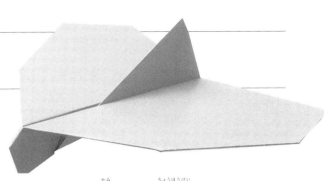

ひじょうに軽い機体です。高台からふわりと風にのせるようにして飛ばします。うすくて強い紙で折れば、かなり長い時間の飛行が楽しめます。

紙のサイズ…長方形
飛ばし方……Dタイプ（p27参照）
難易度………★★

① 中央の折り目に合わせて折る。

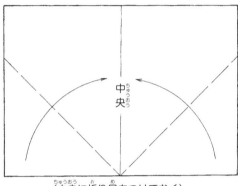
（中央に折り目をつけておく）

② もどす。

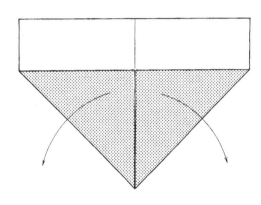

③

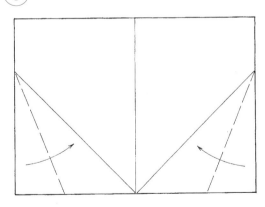

④

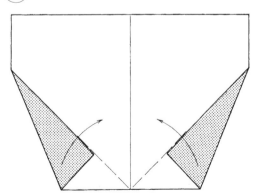

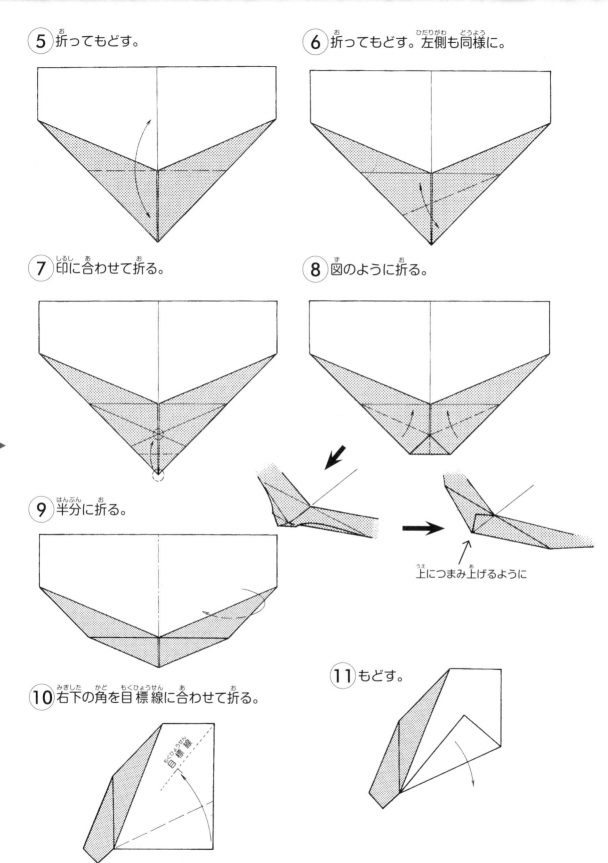

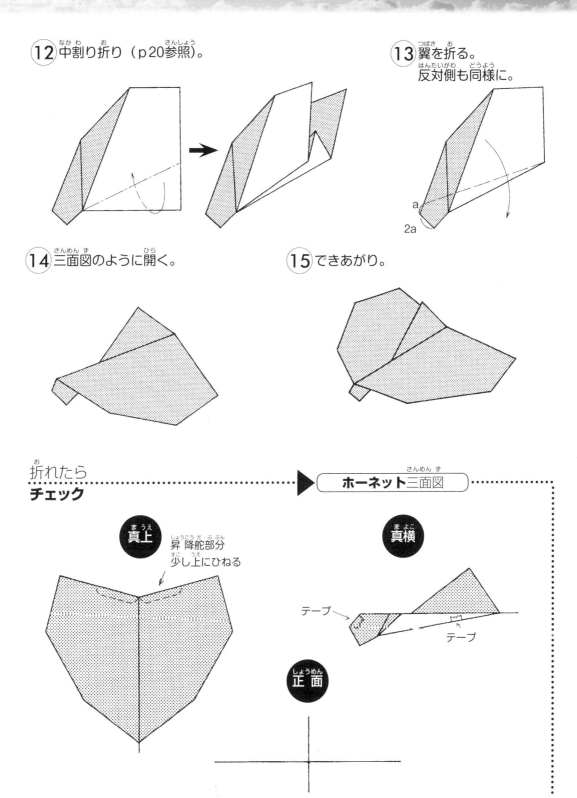

安定型
ジェットアロー

正方形をななめに折るこのようなタイプのヒコーキは、垂直尾翼がきれいに折り出せるので、方向安定性にすぐれています。

■ 紙のサイズ…正方形
■ 飛ばし方……A・Bタイプ（p25・26参照）
■ 難易度………★★

① 中央の折り目に合わせて折る。

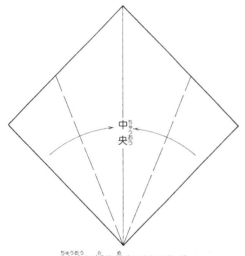

（中央に折り目をつけておく）

② もどす。

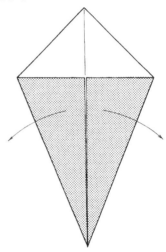

③

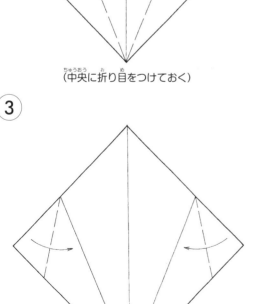

④ 中央に合わせて折る。

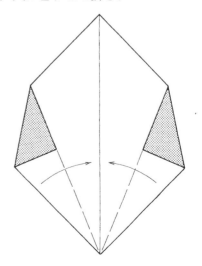

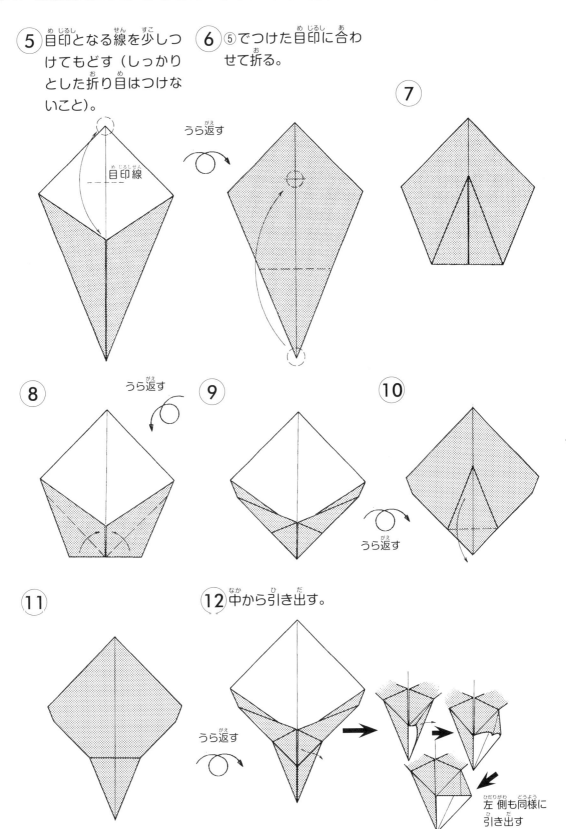

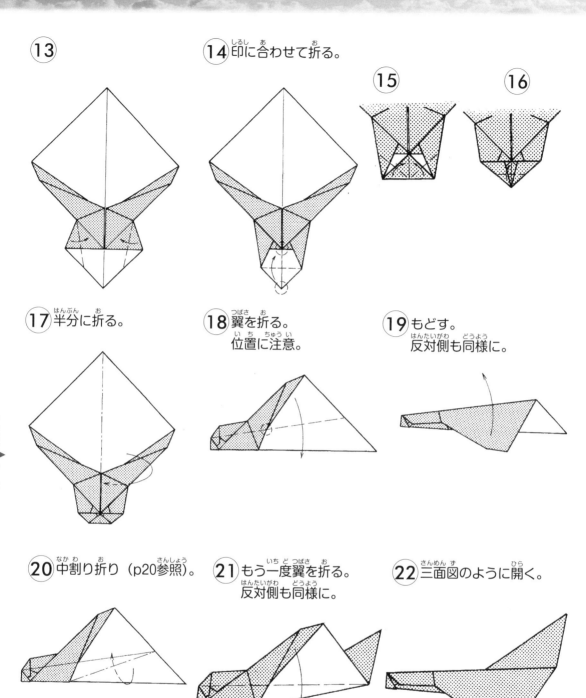

㉓ できあがり。

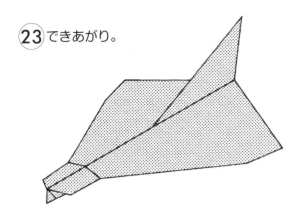

折れたら**チェック** ▶ ジェットアロー三面図

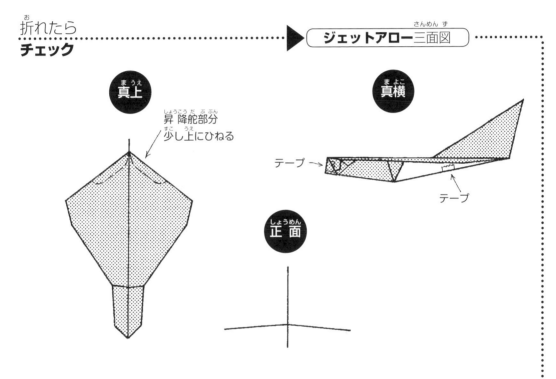

真上
昇降舵部分
少し上にひねる

真横
テープ
テープ

正面

安定型 ジェットアロー

デザイン型
立体カメ虫

試みとして箱型の中空体にしてみました。飛ばしてみると、なんとかいけます。しかしコツが必要で、これは練習してつかんでいただくより他にありません。

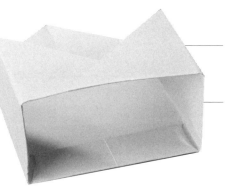

- 紙のサイズ…正方形
- 飛ばし方……Cタイプ（p26 参照）
- 難易度………★★

①

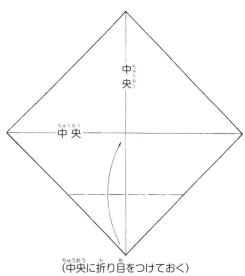

（中央に折り目をつけておく）

② ③を参考に、1mmくらいのすき間ができるように折る。

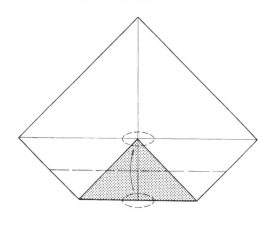

③ 印に合わせて折る。

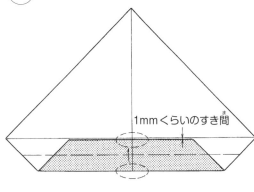

1mmくらいのすき間

④

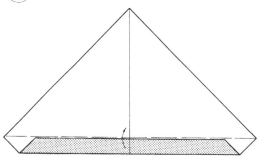

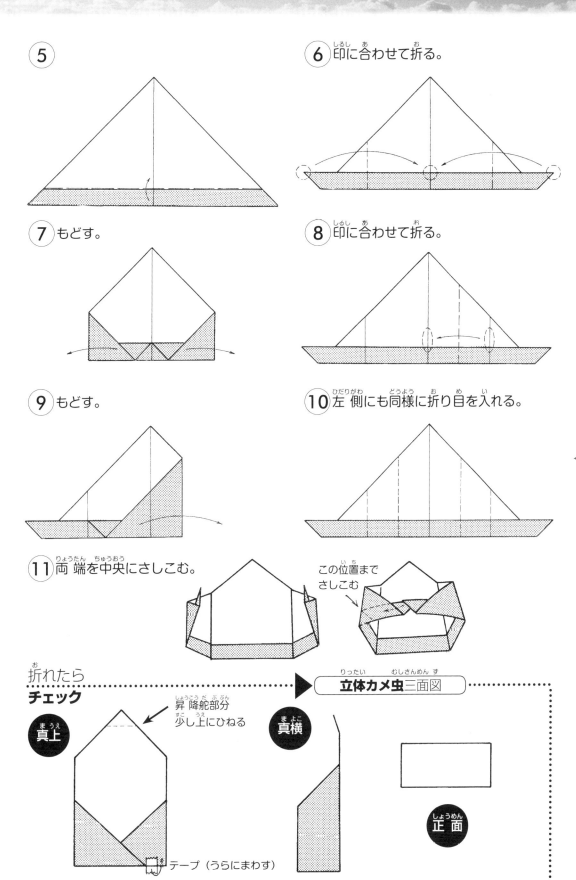

デザイン型

スワロー

屋内または屋外の高台の上から飛ばすと、生き物のようにヒョイヒョイと飛んでくれます。風の強い所とか、力いっぱい投げるには不向きです。

紙のサイズ…正方形
飛ばし方……Dタイプ（p27 参照）
難易度………★★★

① 中央の折り目に合わせて折る。

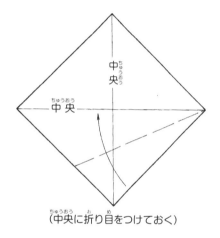

（中央に折り目をつけておく）

② 折り目をつけてもどす。左側も同様に。

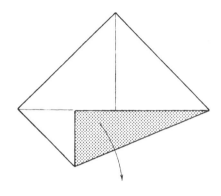

③ 半分に折る。

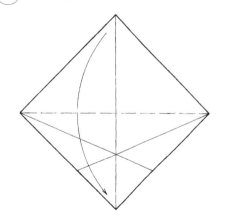

④ 上の紙だけ折ってもどす。

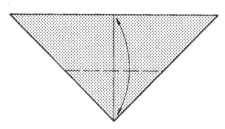

⑤ 印に合わせて折る。

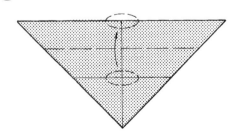

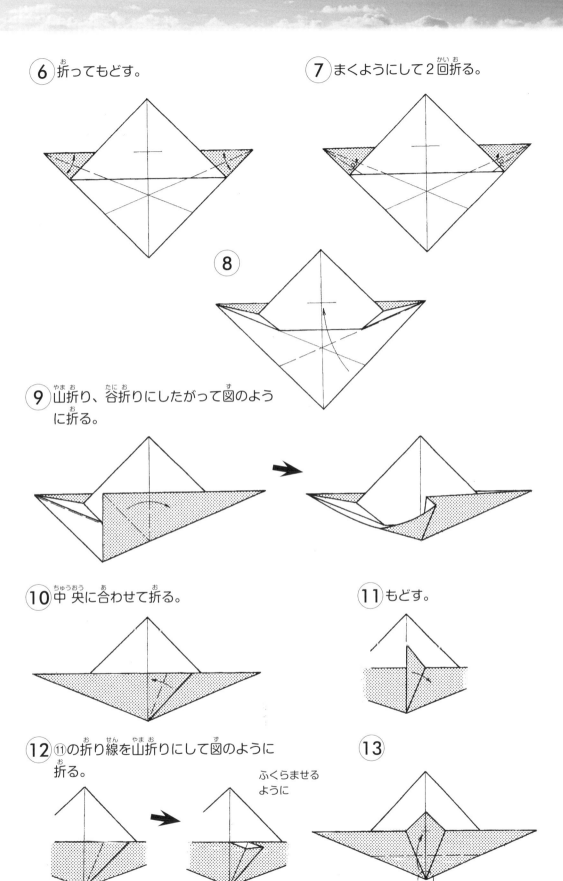

⑭ 半分に折る。

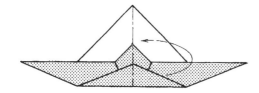

⑮ 中割り折り（p20参照）。

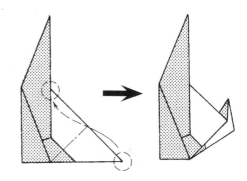

⑯ 翼を折る。
反対側も同様に。

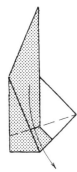

⑰ 三面図のように開く。

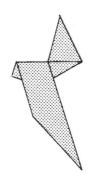

⑱ できあがり。

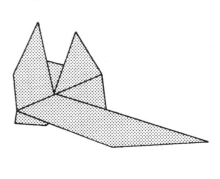

折れたら
チェック

▶ **スワロー三面図**

真上

昇降舵部分
少し上にひねる

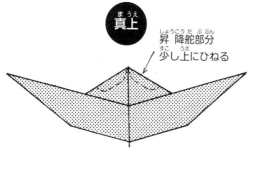

真横

テープ
テープ

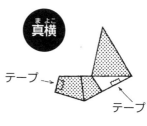

正面

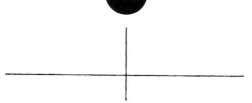

デザイン型
スカイマンタ

海にいるマンタ（エイ）が空を飛んだら、というテーマでつくってみました。垂直尾翼が２つあるのも特徴といえます。個性的で、私の好きなヒコーキの一つです。

紙のサイズ…長方形
飛ばし方……Dタイプ（p27参照）
難易度………★★★

① 中央の折り目に合わせて折る。

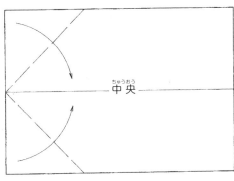

（中央に折り目をつけておく）

② 中央に合わせて折る。

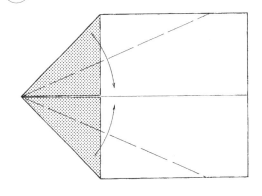

③ ぜんぶ開く。

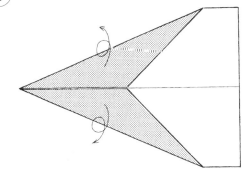

④ 印に合わせて折る。

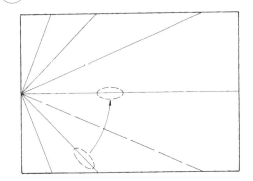

⑤

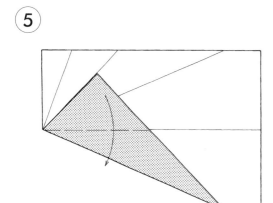

⑥ 反対側も④、⑤と同様に折る。

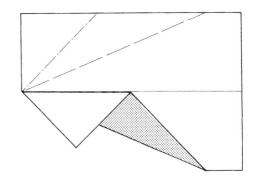

⑦ うら側に折る。

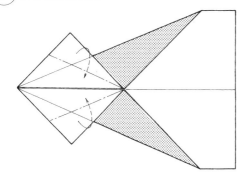

⑧

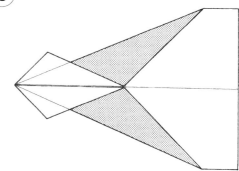

⑨ 印に合わせて折る。

うら返す

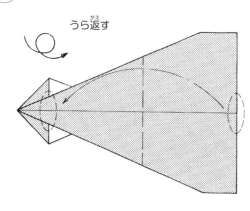

⑩

⑪ もどす。

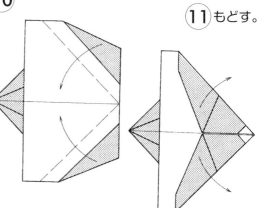

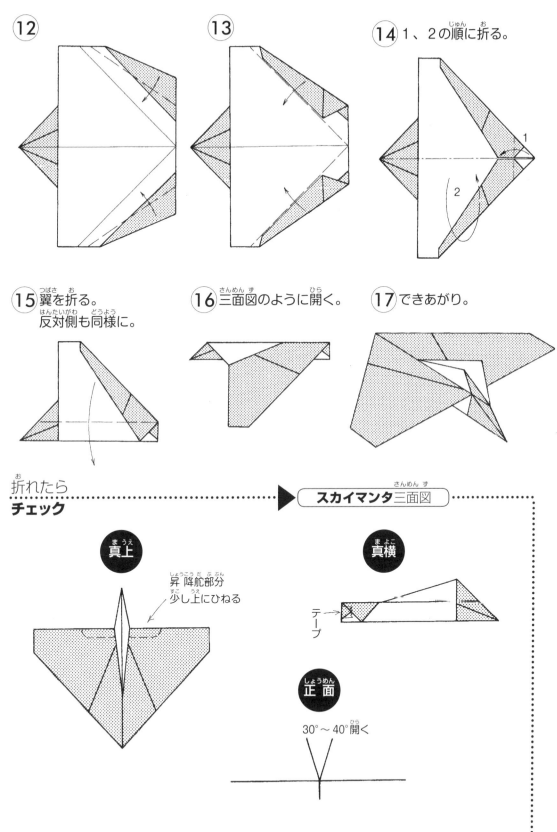

デザイン型
折り鶴号

翼をもっと横に大きく広げたかったのですが、首部の風の抵抗で安定度が失われるため、この形にしました。ハイレベルな飛行性能とはいきませんが、遠いシベリアの空から舞い降りてくる鶴そのままに華麗に滑空します。白い紙で折って、目や羽根を描いてやるのもおもしろいでしょう。

■紙のサイズ…長方形
■飛ばし方……Dタイプ（p27参照）
■難易度………★★

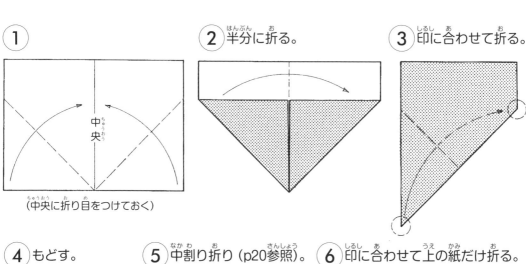

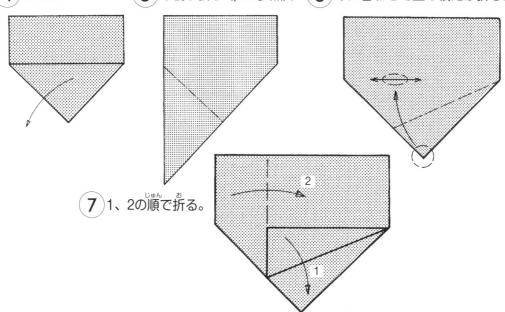

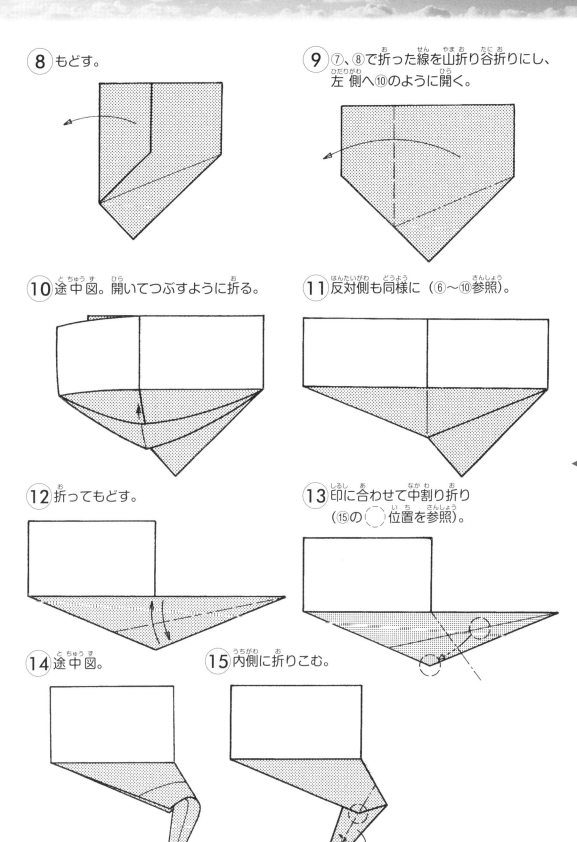

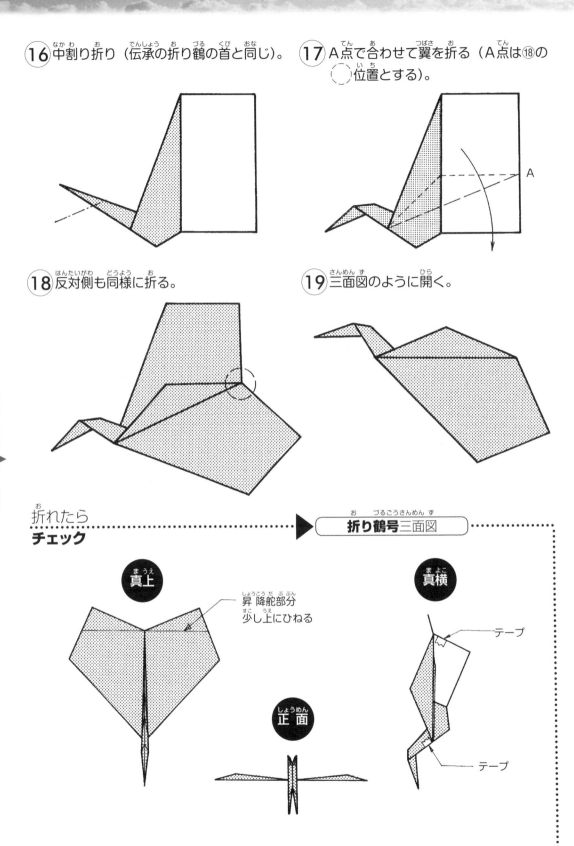

デザイン型
おけら号

紙ヒコーキを創作するのに何かの形をイメージしてつくることも多いのですが、このようになんとなくそれらしいのができる場合も多くあります。本物のおけらとちがい、スピードのでる距離競技タイプです。

紙のサイズ…長方形
飛ばし方……Aタイプ（p25参照）
難易度………★★★

①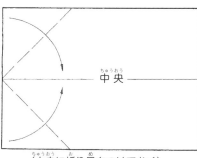
（中央に折り目をつけておく）

②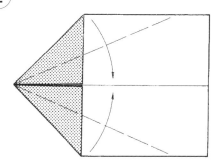

③ ぜんぶ開く。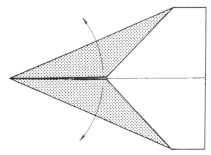

④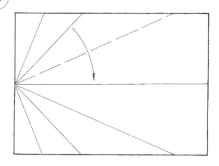

⑤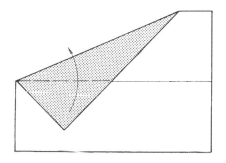

⑥ 反対側も同様に折る。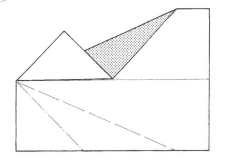

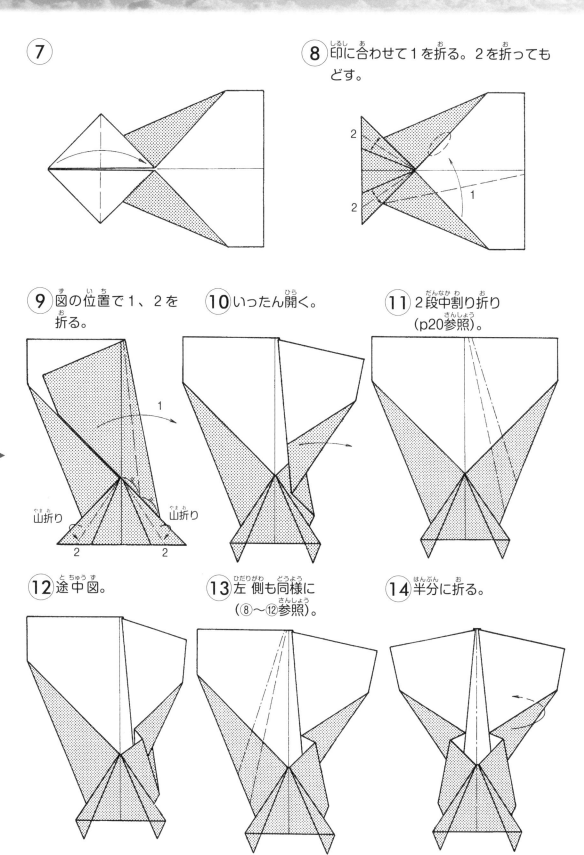

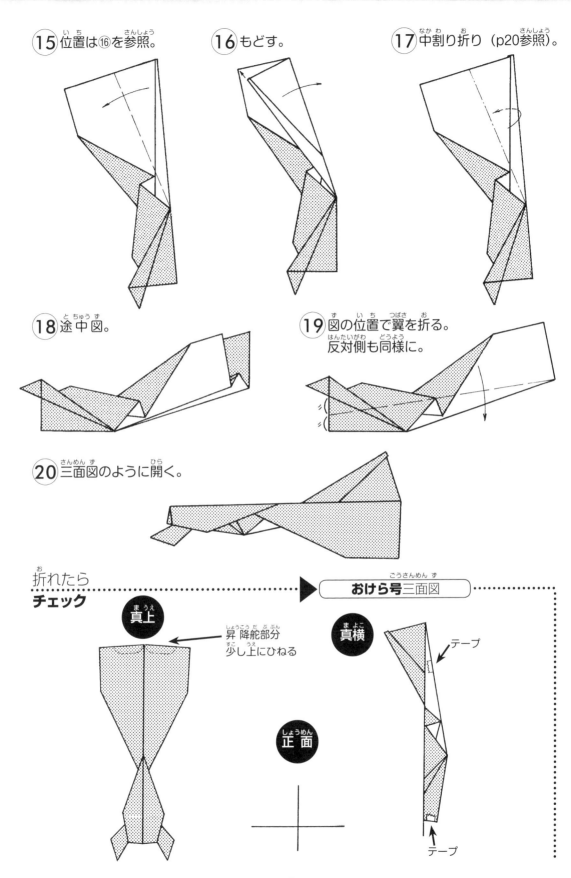

デザイン型

かものはし

折り方は少しむずかしいところもありますが、注意して辛抱強く折り進めていけば必ずできます。

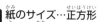

■紙のサイズ…正方形
■飛ばし方……Aタイプ（p25参照）
■難易度………★★★

① 1、2、3の順で折り目をつけていく。

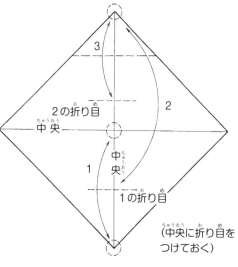

②

③

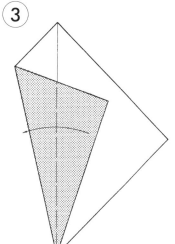

④ 右側も同様に折る。

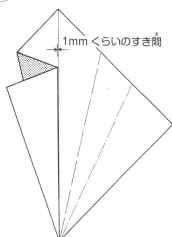

⑤ 1の折り目に合わせて2を折る。

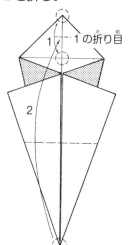

⑥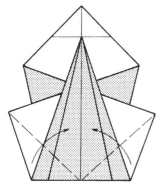

⑦ もどす。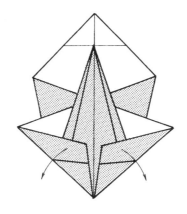

⑧ 中割り折り（p20参照）。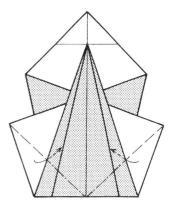

⑨ 内側から1枚だけ引き出す。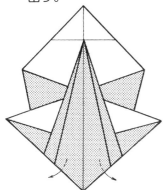

⑩ 途中図。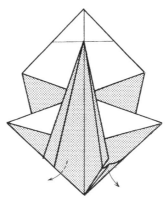

⑪ ⑫の途中図を参考に折る。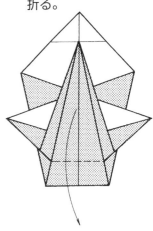

⑫ 途中図。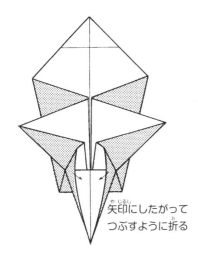

矢印にしたがってつぶすように折る

⑬ 1、2、3の順で折る。1は内側に、2はすき間に入れこむ。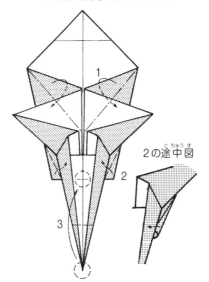

2の途中図

デザイン型 かものはし

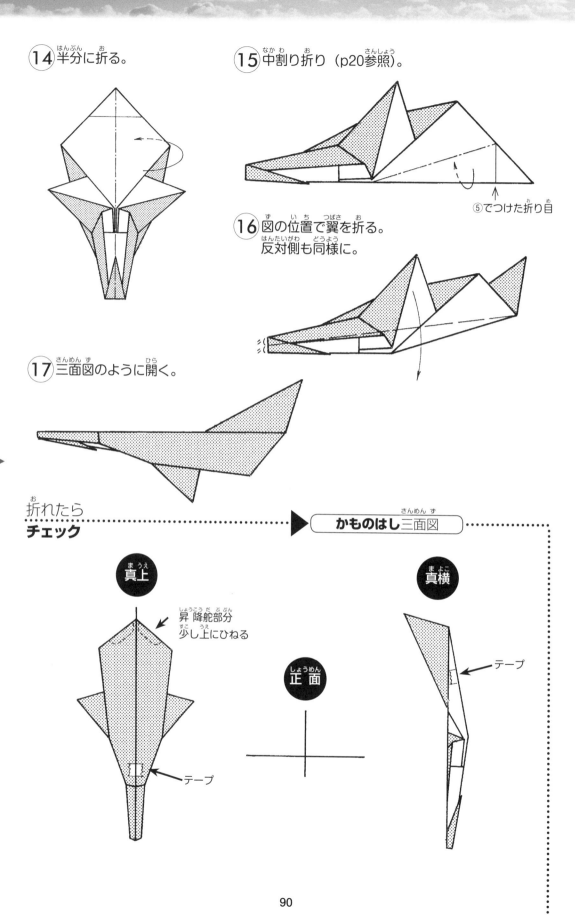

デザイン型

怪獣ギャラス

紙ヒコーキ博物館に来てこのヒコーキを見た人は、すぐにモデルになった怪獣の名前を言い当てます。高いところからそっと飛ばすのに向いています。

紙のサイズ…正方形
飛ばし方……Dタイプ（p27 参照）
難易度………★★★

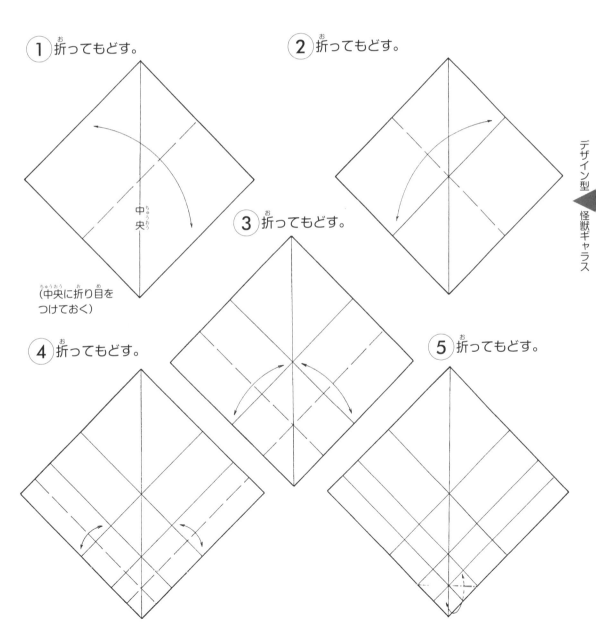

① 折ってもどす。
（中央に折り目をつけておく）

② 折ってもどす。

③ 折ってもどす。

④ 折ってもどす。

⑤ 折ってもどす。

⑥ 途中図を参考に折る。

⑦ 途中図。

⑧

⑨

⑩ 1を図の位置で折る。
2は2枚とも折る。

⑪

⑫ 2は1枚だけ折る。

⑬ 1はうら側に折る。

デザイン型 怪獣ギャラス

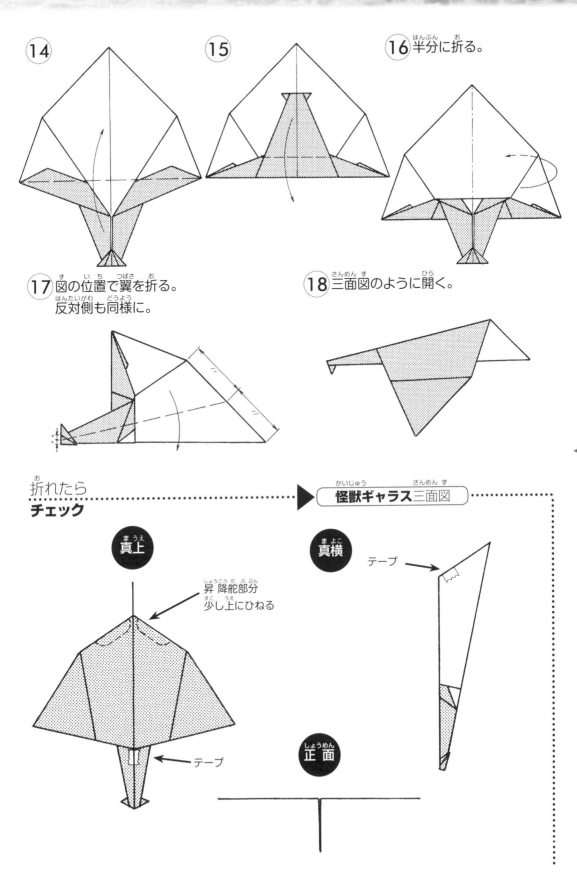

デザイン型
ジュピター

チャレンジヒコーキ

コックピット付き
スペースシャトル型の立体機

立体に仕上げる最後のところがとくにむずかしいので、ほかの機でじゅうぶん折りのテクニックをみがいてからトライしよう。飛ばし方は、顔の横から前に押し出すようにやさしく。

▎紙のサイズ…長方形
▎飛ばし方……Dタイプ（p27 参照）
▎難易度………★★★

① 縦横ともに半分に折る。

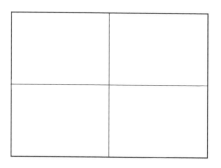

② 印に合わせて折る。

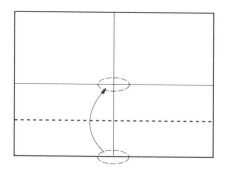

③ 印に合わせて、少しすき間をあけて折ってもどす。

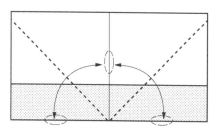

④ 印に合わせて折ってもどす。反対側も同様に。

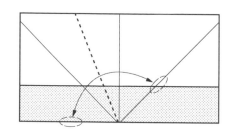

⑤ A点を基準にBをCに合わせ、破線部のみ折り目をつける。

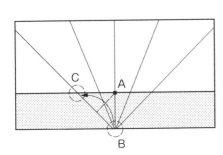
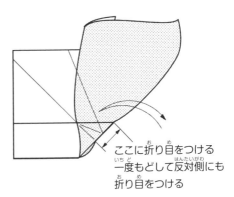

ここに折り目をつける
一度もどして反対側にも折り目をつける

⑥

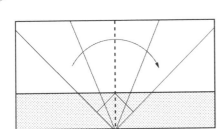

⑦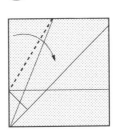

⑧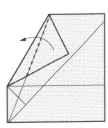

⑨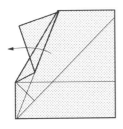

⑩ 2段中割り折り（p20参照）。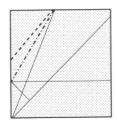

⑪ 折り目をつけてもどす。反対側も同様に。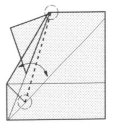

⑫ 開く。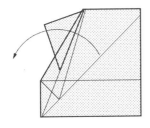

⑬ A点を基準にB点をC線に合わせ、破線部のみ折り目をつける。

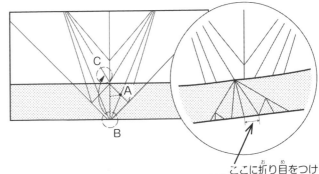

ここに折り目をつける
一度もどして反対側にも折り目をつける

デザイン型　ジュピター

⑭ ABの線で折り目をつける。

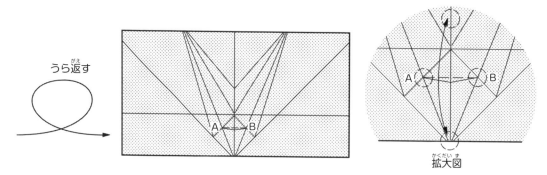

⑮ このようになる。

⑯ 印に合わせて、少しすき間をあけて折る。

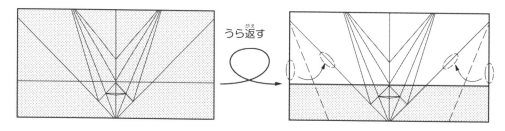

⑰ 印に合わせて、少しすき間をあけて折る。

⑱ 印に合わせて折る。

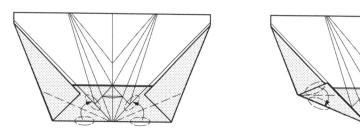

⑲ ⑳の形になるように。

⑳ 印に合わせて折る。

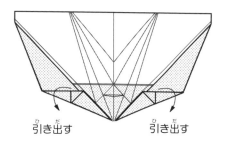
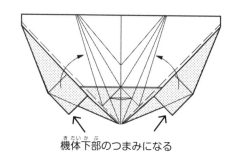

㉑ ABの折り目で翼をうらにまわし㉒の形に。

㉒ 広げて内側にテープをはる。

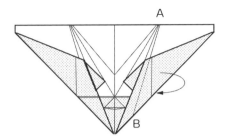

両側とも

㉓ 図にしたがって㉔の形にしていく。

1の後、それぞれの折り目で胴体を立体にしながら2を中央で合わせる

コックピットのふくらませ方

断面図

指でおし出すように

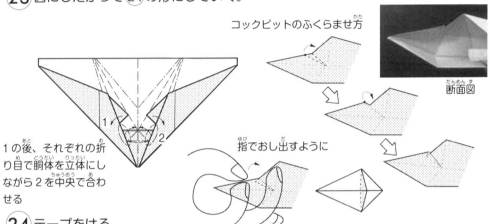

㉔ テープをはる。

平行　　1.5:1

開いてつぶす

拡大図

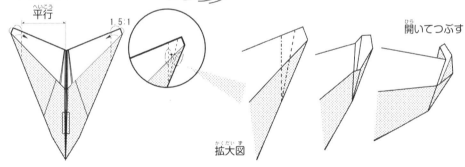

㉕ できあがり。

折れたらチェック

ジュピター三面図

昇降舵部分
少し上にひねる

正面

真横

真上

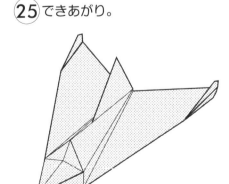
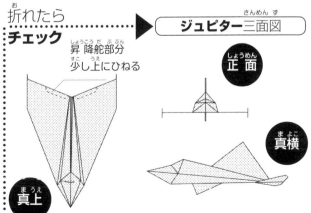

型紙
一度コピーをとり、わく線にそって切ってから、
以下の倍率でコピーしよう。
- ●B5に拡大する場合………126%
- ●A4に拡大する場合………146%

型紙

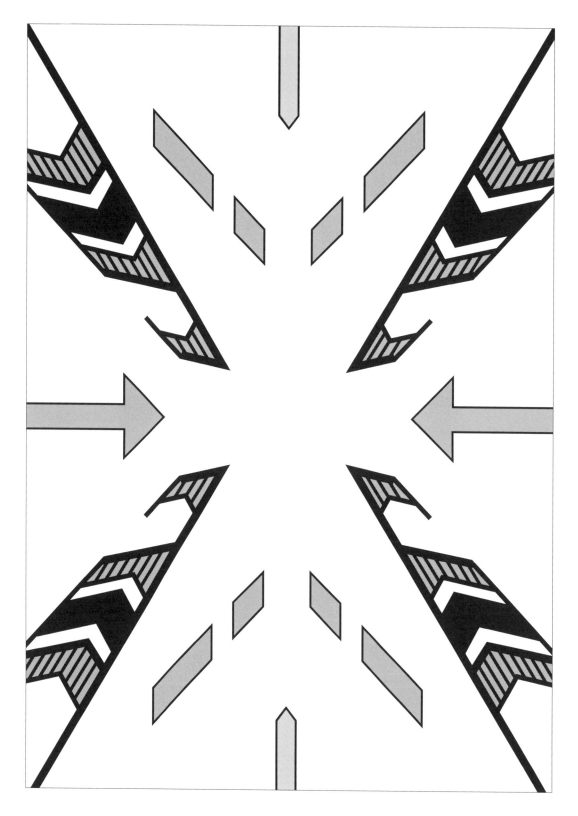

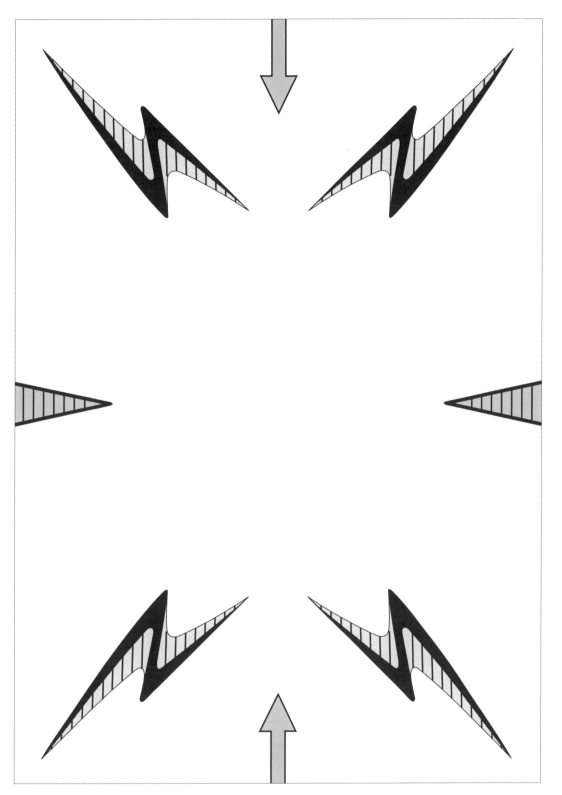

折り紙ヒコーキ協会

　1995年、『飛べとべ、紙ヒコーキ』の出版を機に設立。現在では正式な競技ルールが定められ、それに基づいた競技会や教室を開催するとともに、講演も行なっています。
【折り紙ヒコーキ協会のホームページ】
http://www.oriplane.com/

紙ヒコーキ博物館

　2001年3月10日、自宅脇に日本唯一の紙ヒコーキ専門博物館を開館。2階建てで、1階には自作の折り紙ヒコーキ数百機と、全国の紙ヒコーキ作家から寄せられたオリジナル作品などを展示し、ビデオコーナーでは映像なども閲覧できます。2階は20畳以上の広い板敷きのスペースを設け、折り紙ヒコーキ教室用に開放しています。風洞実験装置が置かれているので、翼にかかる風の影響や揚力が発生するしくみなどを実体験できます。また、壁面の棚には200機以上の折り紙ヒコーキと、切り紙ヒコーキ作家のアンドリュー・デュアー氏や二宮康明氏などの作品も展示。開館日には指導員が常駐していますので、この本を読まれて折り紙ヒコーキに興味を持たれた方や、ヒコーキがうまく折れない・飛ばせない方もぜひ遊びにいらしてください。

住所：〒720-0004　広島県福山市御幸町中津原1396番地
電話・FAX：084-961-0665
メール：info@oriplane.com
入場料：100円（3歳以上一律料金）
開館日：毎週土曜日10時～16時
　　　　（平日・日祝日の入館希望については
　　　　　事前にメールまたは電話で相談を）

とよまつ紙ヒコーキ・タワー

　2003年春、広島県神石郡(じんせきぐん)にある標高663mの米見山(よなみやま)の山頂に、世界初の紙ヒコーキ専門タワーが完成しました。鉄骨2階建ての施設の上に高さ26mの展望台が乗っています。1階には紙ヒコーキを作るための部屋があり、そこから15mの高さにある展望室まで昇ることができます。開館日には展望室から入場者が自分で折った紙ヒコーキを飛ばせます。建物の屋根にはソーラーシステムを取り入れ、公園に設置された風力発電装置とあわせて電力をまかなっています。2003年3月22日、第1回全日本折り紙ヒコーキ大会の決戦大会がここで開催されました。定期的に全国大会、世界大会を開く予定です。

住所：〒720-1704　広島県神石郡神石高原町下豊松381米見山山頂
電話：0847-84-2000
入場料：300円（小学生以上）　エコ用紙5枚付き
　　　　（専用エコ用紙以外の紙の使用は不可）
開館日：火・木・土・日・祝日。4～9月までは10～18時。
　　　　10、11、3月は10～17時。12～2月は休館。
　　　　GW、夏休み期間（7月下旬～8月末）は無休。

戸田拓夫・主な活動

1976 年　折り紙作家・中村栄志氏から指導を受け、折り紙ヒコーキの自作機の開発を始める。
1993 年　「ふくやま美術館」で初の折り紙ヒコーキ展を開催（来館者 5721 名）。
1996 年　ドイツで紙ヒコーキ大会開催、運営指導にあたる。
　　　　　佐賀および鹿児島で紙ヒコーキ大会開催、運営指導にあたる。
1997 年　パリ凱旋門からの飛行実験（フジテレビ放送）
1998 年　愛媛「川之江紙のまち資料館」にて紙ヒコーキ展。
1999 年　3 m の巨大ヒコーキの飛行実験に成功、滞空時間 35 秒・距離 135 m
　　　　　（東海テレビ主催。科学技術庁長官賞受賞）。
　　　　　「航空宇宙フェア'99」にて講演（名古屋）。
2001 年　「紙ヒコーキ博物館」を開館。
2002 年　純粋折り紙ヒコーキでの室内滞空時間記録保持者ケン・ブラックバーン氏の記録 17.1
　　　　　秒を破って 18.1 秒の新記録を樹立。
2003 年　TBS ドラマ『GOOD LUCK』台本監修。木村拓哉氏に紙ヒコーキの折り方・飛ばし
　　方を指導。「第 1 回全日本折り紙ヒコーキ大会」開催。
2004 年　ネパールのポカラにて紙ヒコーキ指導。
　　　　　東京ドームにて世界記録を更新（記録 19.24 秒。日本テレビ系にて放送）。
　　　　　タイ国文部科学省の後援のもと INPACT 会場にて紙ヒコーキ大会運営指導（8 万人参
　　加。タイ国王・王女拝謁）。
　　　　　『折り紙ヒコーキ進化論』（NHK 出版）が全国高校模試国語問題に出題される。
2005 年　「第 2 回全日本折り紙ヒコーキ大会」開催。
2006 年　広島県の夢配達人プロジェクト（巨大紙ヒコーキ）協力
2007 年　第 1 回小学校対抗トーナメント開催
2008 年　東京大学での宇宙折り紙ヒコーキ公開実験成功
2009 年　ギネス世界記録更新（室内滞空時間 27 秒 9）
　　　　　米国 TIME でスカイキングが優れた発明品ベスト 50 に選ばれる
2010 年　ギネス世界記録更新（室内滞空時間 29 秒 2）
2011 年　所沢航空発祥 100 周年記念事業　ギネスに挑戦大会開催
　　　　　東日本大震災復興　元気が出るプロジェクト開催
2013 年　「しまじろうのわお！」で紙ヒコーキの達人として協力
2014 年　「さんま・玉緒のお年玉あんたの夢をかなえたろか SP」で沖縄での大実験に協力
2016 年　「第 7 回全日本折り紙ヒコーキ大会」（とどろきアリーナ）開催
2017 年　「第 1 回 JAL 折り紙ヒコーキアジア大会」（JTA ドーム宮古島）開催
2018 年　「第 1 回 JAL 折り紙ヒコーキ全国大会」（大田区総合体育館）開催

●著書など
『飛べとべ、紙ヒコーキ（日本語版・中国語版）』『よく飛ぶ立体折り紙ヒコーキ』
『よく飛ぶ！折り紙・切り紙ヒコーキ』『親子であそぶ折り紙ヒコーキ』（以上、二見書房）、
『おり紙ヒコーキ大集合 BOOK』＜英訳付版＞『キッズおり紙ヒコーキ滞空型』『キッズおり紙ヒコーキ距離型』
（以上、いかだ社）、
『折り紙ヒコーキ進化論』（NHK 出版）、『折り紙ヒコーキ（タイ語版）』（METC）、
『紙ヒコーキ博物館』（日本折り紙ヒコーキ協会編）、『おりがみひこうきあそび』（ショウワグリム）、
『世界一飛ぶ！紙ヒコーキ BOOK』（宝島社）など。

【著者紹介】

戸田拓夫 とだ たくお

1956年、広島県福山市生まれ。
高校時代は剣道で活躍（2段）。早稲田大学中退、在学中に登山活動で体調を崩し入院したのを機に折り紙ヒコーキの開発を始める。立体折り紙ヒコーキなど開発した機種は800以上にのぼる。
広島県神石高原町に紙ヒコーキタワー建設を提唱、2003年完成。

●現在
精密鋳造会社キャステムグループ6社（社員総数1200名）の社長を務める。
折り紙ヒコーキ協会会長。紙ヒコーキ博物館館長。

折り図●戸田拓夫／折り紙ヒコーキ協会
撮影●小野裕／折り紙ヒコーキ協会／沼端恵美子
協力●藤原宣明（折り紙ヒコーキ協会）
イラスト●上田泰子／種田瑞子
DTP●渡辺美知子デザイン室／志賀友美
カバー写真●ペイレスイメージズ／PIXTA（ピクスタ）

【ボリュームアップ版】
おり紙ヒコーキ大集合BOOK

2019年 9月20日　第1刷発行
2019年12月24日　第2刷発行

著者●戸田拓夫 ©
発行人●新沼光太郎
発行所●株式会社いかだ社
　　　〒102-0072　東京都千代田区飯田橋2-4-10　加島ビル
　　　Tel.03-3234-5365　Fax.03-3234-5308
　　　E-mail　info@ikadasha.jp
　　　ホームページURL　http://www.ikadasha.jp/
　　　振替・00130-2-572993
印刷・製本　株式会社ミツワ

乱丁・落丁の場合はお取り換えいたします。
ISBN978-4-87051-522-2
本書の内容を権利者の承諾なく、営利目的で転載・複写・複製することを禁じます。